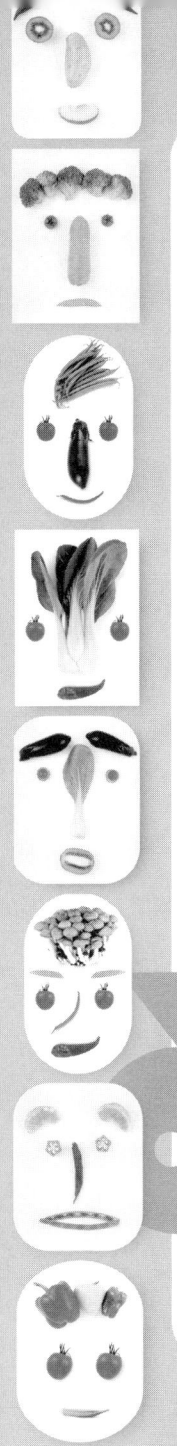

大学生のための
キャリアデザイン入門

Designing Your Future: Introduction to Career Design

岩上真珠 ＋ 大槻奈巳 編

有斐閣

はじめに

　「キャリアデザイン」という言葉は，多くの人にとって，まだあまりなじみがないかもしれない。要するに，キャリアデザインとは自分のキャリアを構想するということなのだが，「キャリア」という言葉自体，いくつかのレベルで使い分けられており，とりわけ職業上の経歴という意味に限定的にとらえられることも多い。

　実際，一昔前に「キャリア組」とか「キャリア・ウーマン」という言葉が流布したが，前者は，勤務先組織で特別の職業上の経歴を歩む（成功や出世が期待されている！？）人たちのことであり，また後者は，仕事を生きがいにしている専門／管理職志向の女性，という意味で使われていたようである。今日でもそれに近い意味で，「バリ・キャリ（バリバリ仕事をする専門職の女性）」という造語もある。このように，狭義には「キャリア」は職業（それもしばしば専門職）に特化して使われることが多く，学生はおうおうにしてこちらの意味で理解しているようにみえる。現に，高校や大学の「キャリア・センター」を就職支援センターと同義に考えている人は少なくない。

　しかし，「キャリア」とは一般的には「経歴（経験の積み重ね）」のことであり，広義には一生の経歴，すなわち，これまで生きてきた／これから生きてゆく（生涯の）道筋全体をさしている。したがってキャリアには，職業だけでなく，結婚や家族関係，友人関係やさまざまな社会活動など，自分の生き方に関わる「経歴」がすべて含まれる。たとえキャリアを職業中心で考えるとしても，どのような仕事に就きたいか，どのように働きたいかということは，個人が望ましいと考える職業以外のキャリア（たとえば，家族，友人，住居，趣味，社会的な諸活動）と，職業キャリアをどう調和させるかということとつねに関連している。キャリアデザインとは，こうした総合的な「生き方のプロデュース」のことであり，本書ではキャリアデザインをこの意味で用いている。

　とはいえ，これから社会に出る若者にとっては，仕事をする／職業を得るこ

とは一大イベントであり，まずは就職しなければものごとは始まらない，と考えていることも十分うなずける。本書『大学生のためのキャリアデザイン入門』は，就職とはどういうことなのか，職業生活へはどのようにして参入するのか，というテーマを中心に，あなた自身が自分の人生の総合的なプロデュースをすることへの誘いを意図して編集されている。

　上記の意図のもと，本書の各章は，心理学・社会学・教育学の研究者たちによって執筆されている。各章の構成は，第1章「ライフコースを知ろう」，第2章「『大人になる』ことの意味」，第3章「働くことを考える」，第4章「変化のなかの若者と意識」，第5章「大学から労働への移行」，第6章「企業のフレキシビリティと労働者のキャリア」，第7章「ワーク・ライフ・バランス」，第8章「世界をみすえたキャリアのあり方」，第9章「学びをいかし深める」，第10章「人生のロールモデルを探す」，終章「なぜいまキャリアデザインか」となっており，この章構成をみても，仕事や職業生活を中心にしながらも，いま若者が置かれている立ち位置や，これからの人生のためにどういうことを知っておくべきかが，具体的に論じられていることがわかるだろう。

　本書中でも指摘されていることだが，グローバル化，個人化が進み，人口構造をはじめ雇用環境や就労事情も親の世代とは大きく変わっているなかで，何を指針に，どういう生き方をするかが，一人ひとりに問われている。新しい状況のなかで，どういう価値観をもって，どのように社会で活動するか，それは学びを通してはじめて「自分のもの」となる。本書は，けっしてハウツーものではなく，また何かの答えをすぐに提供するものではないが，全章を通じて学んでもらえば，具体的に自分のライフコースを選択するためのヒントに満ちていることに気づいてもらえると思う。

　これから船出しようとしている若者が，過度に不安に陥ることなく，かといって現実を知らなすぎて慌てふためくことのないよう，自分にふさわしいライフデザインを構想する力を養うことを切に願ってやまない。

2014年5月

執筆者を代表して

岩上　真珠

執筆者紹介（執筆順，＊は編者）

＊岩上　真珠　●　いわかみ　まみ　　　　　　　　　　　　〔第 **1** 章・終章〕

元・聖心女子大学文学部教授（2017 年逝去）

主著　『ライフコースとジェンダーで読む家族（第 3 版）』有斐閣，2013 年。『リスク社会のライフデザイン――変わりゆく家族をみすえて』（共著）放送大学教育振興会，2014 年。

鈴木　乙史　●　すずき　おとし　　　　　　　　　　　　　　　　〔第 **2** 章〕

聖心女子大学名誉教授

主著　『性格はどのように変わっていくか』読売新聞社，1992 年。『性格形成と変化の心理学』ブレーン出版，1998 年。

＊大槻　奈巳　●　おおつき　なみ　　　　　　〔第 **3** 章・第 **9** 章，メッセージ③，⑤〕

聖心女子大学現代教養学部教授

主著　『職務格差――女性の活躍推進を阻む要因はなにか』勁草書房，2015 年。「女性管理職の声から考える――管理職志向の変化と職場重視モデル」大沢真知子編『なぜ女性管理職は少ないか』青弓社，2019 年，65-112 頁。

久木元　真吾　●　くきもと　しんご　　　　　　　　　　　　　　〔第 **4** 章〕

帝京大学文学部教授

主著　「『やりたいこと』という論理――フリーターの語りとその意図せざる帰結」『ソシオロジ』第 48 巻第 2 号，73-89 頁，2003 年。『グローバル人材とは誰か――若者の海外経験の意味を問う』（共著）青弓社，2016 年。

筒井 美紀 ● つつい みき　　　　　　　　　　　　　　〔第 **5** 章，メッセージ①〕
法政大学大学院キャリアデザイン学研究科教授

　主著　『就労支援を問い直す——自治体と地域の取り組み』（共編著）勁草書房，2014 年。『殻を突き破るキャリアデザイン——就活・将来の思い込みを解いて自由に生きる』有斐閣，2016 年。

今井 順 ● いまい じゅん　　　　　　　　　　　　　　　　　　　〔第 **6** 章〕
上智大学総合人間科学部社会学科教授

　主著　*The Transformation of Japanese Employment Relations: Reform without Labor*, Palgrave Macmillan, 2011.『雇用関係と社会的不平等——産業的シティズンシップ形成・展開としての構造変動』有斐閣，2021 年。

酒井 計史 ● さかい かずふみ　　　　　　　　　　　　　　　　　　〔第 **7** 章〕
独立行政法人 労働政策研究・研修機構リサーチアソシエイト

　主著　"Analysis of Work-Child Care Balance of Male Workers in Japan and Their Desires to Take Child Care Leave," *Japan Labor Review*, 4(4): 59-78, JILPT, 2007.「世界の父親の家族との関わり（1 節 2 項〜3 節）」牧野カツ子・渡辺秀樹・舩橋惠子・中野洋恵編『国際比較にみる世界の家族と子育て』ミネルヴァ書房，47-70 頁，2010 年。

土屋 淳二 ● つちや じゅんじ　　　　　　　　　　　　〔第 **8** 章，メッセージ②，⑥〕
早稲田大学文学学術院教授

　主著　『集合行動の社会心理学』（共著）北樹出版，2003 年。『モードの社会学』（上・下）学文社，2009 年。

羽田野 慶子 ● はたの けいこ　　　　　　　　　　　〔第 **10** 章，メッセージ④，⑦〕
福井大学国際地域学部准教授

　主著　「女性のリーダーシップに何が求められているのか」独立行政法人国立女性教育会館・有馬真喜子・原ひろ子編『時代を拓く女性リーダー』明石書店，196-209 頁，2008 年。「若者と地域活動」『社会科学研究』第 65 巻第 1 号，東京大学社会科学研究所，97-116 頁，2014 年。

『大学生のためのキャリアデザイン入門』
目次

第1章 ライフコースを知ろう ●学ぶ・働く・愛する・暮らす● ... 1

1 個人の人生と社会 ... 2
　ライフコース：社会を映す鏡 2　人生で何をめざすか：発達的な役割経歴 3　コーホートと共通体験 4

2 多様なライフコースの存在 ... 5
　ライフコースの「標準モデル」と多様性 5　働き方の多様化 9　結婚の多様化 11　暮らし方の多様化 13

3 少子高齢化，グローバル化時代のライフコース ... 13
　人生 90 年時代 13　「おひとりさま」とコンボイ 14　グローバル化時代に向けて 15

第2章 「大人になる」ことの意味 ... 21

1 「大人になることのむずかしさ」と「成熟拒否」 ... 22
　大人になることのむずかしさ 22　成熟拒否 23

2 社会に出ていくことの意味 ... 24
　親からの自立 24　「大人になること」に関連した実証研究から 25　「自立」をめぐって 27　社会理念と社会的サポート 27

3 青年期の課題と成人期のつまずき 29

自我同一性拡散症候群とニート 29　過敏型自己愛とひきこもり 30　この社会の「生きづらさ」 31

第3章　37
働くことを考える

1 働く理由と働くことの意味 38
働く理由 38　働くことの意味 39

2 時代や状況で異なる働く意識 40
働くこと中心志向の弱まり 40　出世したいのか 41

3 若者の働く意識 42
どのような状況で働いているのか 42　若者の仕事意識 43

4 「適職」「やりたいこと志向」を考え直そう 44
職業は人と社会をつなぐもの 44　「自分にあった職業」「やりたい仕事」探しの危険性 45　なぜその職業に就きたいのか：社会化の影響 46

5 人生を通したキャリア形成 47
キャリアの意味 47　切り拓く力：自分の行きたい方向に自分をもっていく力をつける 48

第4章　53
変化のなかの若者と意識

1 はじめに──若者がキャリアを考える 54

2 若者の意識の変遷──調査データから 54

新入社員の「働くことの意識」調査 ┃ 54　会社に入ったら，仕事と私生活のどちらを中心に考えるか ┃ 55　会社を選ぶとき，どういう要因をもっとも重視したか ┃ 56　働く目的は何か ┃ 57　「自分と会社の一致」から「自分と仕事の一致」へ ┃ 59

3 「自分と仕事の一致」への思い——大学生の声から 60

建前と本音？ ┃ 60　「自分と仕事の一致」と2つの方向性 ┃ 61

4 複数のフィールドをもつこと 63

1つのことに専念するというあり方 ┃ 63　複数のフィールドを生きること ┃ 64　「複数のフィールド」の例：プロボノ ┃ 65　キャリアデザインにとっての重要性 ┃ 65

第5章　大学から労働への移行　71

1 新規大卒就職はなぜ・どのように難しくなったのか 72

新規大卒者をめぐる需要と供給 ┃ 72　ゲームのルールの「無茶ぶり」「巧妙ぶり」┃ 73

2 無防備な大学生たち 75

「生きた労働法」を学ぶ必要性 ┃ 75　だが圧倒的なのは「就活直結的学習」┃ 77

3 働くためのサバイバル・センスを磨くヒント 79

働くことの2つの次元 ┃ 79　自分から積極的に調べよう ┃ 81

第6章　企業のフレキシビリティと労働者のキャリア　85

1 なぜ歴史を振り返る必要があるのか 86

2 日本的雇用関係の形成 ... 88
フレキシビリティ│88　戦後直後から1960年代│89　オイルショックからバブル崩壊│91

3 日本的経営のフレキシビリティ ... 94
アメリカとの比較│94　誰が有能か│95

4 外部労働市場の拡大へ ... 97

第7章 ワーク・ライフ・バランス　107

1 ワーク・ライフ・バランスとは何か ... 108
ワーク・ライフ・バランスの由来│109　性別役割分業型社会からワーク・ライフ・バランス型社会へ│111

2 男女で異なる働き方 ... 112
30歳のときどのように働いているだろうか│112　女性は出産までに仕事を辞めている│114　セカンド・シフトとマミートラック│116

3 「イクメン」は働き方を変えられるか ... 117
長時間労働と働き方の見直し│117　仕事と生活の調和推進のための行動指針と数値目標│118

4 ワーク・ライフ・バランス型社会の実現に向けて ... 120

第8章 世界をみすえたキャリアのあり方　125

1 グローバル化時代のキャリア不安 ... 126
キャリア選択と自己責任│126　他人指向型キャリア選択と

「内向き志向」 127　「グローバル人材」という落とし穴 129

2 世界を体験する ... 131
「見聞」から「体験」へ 131　「体験」から「理解」へ 133

3 グローバル化時代のキャリア創造 ... 135
「逃避」から「冒険」へ 135　「ローカル」から「グローバル」へ 136

第9章 学びをいかし深める
145

1 大学での学びと自分の将来 ... 146
高校の学びと大学の学び 146　勉強志向・まじめ志向の大学生 147　大学での学びは将来役に立つと考えていない大学生 148　大学での学びと将来 150

2 企業が大学生に期待すること ... 151
企業の経営方針，組織と人材活用の方針について 152　企業が求めている人材 153　若者への評価と大学に望むこと 154

3 学びを深めるには ... 155
疑問をもとう 155　すべては学ぶことから始まる 155　学びを深める 156

第10章 人生のロールモデルを探す
163

1 ロールモデルとは ... 164
理想の生き方，将来の役割規範 164　男性にとってのロールモデル／女性にとってのロールモデル 164

2 事例を分析してみよう ────── 166

さまざまなロールモデル集 │ 166　事例分析①キャリア年表を使う │ 168　事例分析②キャリア分析を図にまとめる │ 170

3 ロールモデルにインタビューをしてみよう ────── 171

身近なロールモデルを探す │ 171　インタビュー実施のプロセス │ 171　身近なロールモデルのキャリア形成事例：学生が実施したインタビューから │ 173　インタビューから学ぶこと │ 175

4 あなたも誰かのロールモデルに ────── 175

終章　なぜいまキャリアデザインか　179

個人化するライフコース：「標準」の相対化 │ 180　ライフコース選択における若者の困惑 │ 181　「自分の」キャリアデザインの必要性 │ 182

索　引 ────── 187

✴ メッセージ一覧　　Message

先輩からのメッセージ①	36
先輩からのメッセージ②	70
先輩からのメッセージ③	105
先輩からのメッセージ④	124
先輩からのメッセージ⑤	142
先輩からのメッセージ⑥	161
先輩からのメッセージ⑦	178

本書のコピー，スキャン，デジタル化等の無断複製は著作権法上での例外を除き禁じられています。本書を代行業者等の第三者に依頼してスキャンやデジタル化することは，たとえ個人や家庭内での利用でも著作権法違反です。

第1章

ライフコースを知ろう
●学ぶ・働く・愛する・暮らす●

キャリア形成とは職業上のことだけではない。それは，個人が生涯にわたってどう生きたいか，そのために何が必要か，という人生全体のプランと関わっている。そこで，まずは自分のライフコースを考えることから始めてみよう。

個人の人生と社会

ライフコース：社会を映す鏡

人は、生まれてからさまざまな人と関わりつつ一生を送る。自分の人生を「一生」という長さでとらえてみることも、これからの生き方を考えるときには必要である。ライフコース (life-course) とは、個人が生まれてから社会のなかで生きる「一生の道筋」のことであるが、専門的にも一般的にも、いまやさまざまな領域で使われている。ただ、一般には「個人の人生」と理解されていることが多いが、専門的には、ライフコースとは単に人びとの個々の具体的な人生それ自体をさすのではなく、個人の生き方、生きる道筋の、社会との関わりで生じる「パターン」のことである。代表的なライフコース研究者の1人であるG. H. エルダーは、ライフコースを「年齢によって区分された生涯期間を通じての道筋であり、人生上の出来事についてのタイミング、移行期間、間隔、および順序にみられる社会的パターン」といっている。ライフコースをパターンとしてみることは、ライフコースの変化を確認したり、比較したりする場合には必要であり、それはまた、個人が自分の生き方を考えるヒントにもなる。

たとえば、個人の人生において「結婚」という出来事経験のタイミングが遅くなるか、もしくは経験しないことが相対的に増加すると、社会現象として未婚化・晩婚化が進行する。また、シングルマザーでの出産や結婚前の出産が増えることは、婚外子の出生率の上昇につながる。ただし、日本では結婚と出産の期待された順序の逆転を望まない傾向が強く、その結果、「できちゃった婚」が増加している。さらに卒業後も親元に同居している若者は、親元からの「離家」をもって親からの独立＝大人になることと考えられていた従来の社会的期待に照らすと、こうした社会現象は、なかなか大人にならない／なれない状態＝成人への移行期間の長期化とみなされる。このように、これまで多くの人が人生の「節目」と考えてきた出来事の経験（タイミング、間隔、順序など）がどうなったか、どうなりつつあるかを知ることによって、社会の変化を透かし見ることができる。社会的パターンとしてのライフコースは、個人の人生と社会

の変動との関連を如実に映す「鏡」である。

人生で何をめざすか：発達的な役割経歴　ライフコースへの取組み（アプローチ）にはいくつかの見方（パースペクティブ）があるが，ライフコース論の草分けの1人であるJ. A. クローセンは，ライフコース・アプローチの1つ，「発達的パースペクティブ」のなかの「社会化パースペクティブ」に注目して，次のように説明している。

　　人間は，他の動物に比べ，学習能力が優れている。そして，この能力があるからこそ，人間社会では，制度化された，つまり社会的に決められた，入念な教え方が可能であるし，それによって個人は社会のメンバーとして機能するよう仕込まれるのである。このような教育や学習は，「社会化」と呼ばれている。社会化は，一生にわたるプロセス——ライフコースに沿って進んでいくにつれて，さまざまな役割を遂行するのに必要な技術や知識を伝達していくプロセス——である。社会化のための多くのエネルギーは，成長さなかの子どもに向けられる。そこで子どもは社会環境，期待される行動，そして社会でもっとも重要とされる人生目標などについて教わる。しかし社会化はからだが成熟してからも続き，成人のライフコースに焦点が移ると，「社会化パースペクティブ」は社会の他の構成員が個人に向ける要求に注目する。そのような要求によって，個人は新しい技術を学習するよう動機づけられ，また自分の関心，態度，人生目標などを形成し続けるのである（クローセン 2000: 24-25）。

　社会化とは，役割を「学ぶ」過程でもある。人は生まれてからさまざまな役割を取得し，それらの役割を果たしながら一生を送る。いつ，どのような役割を取得するのか，その役割をどのように果たすのか，これからどのような役割につきたいのか，人は「社会化」を通じて役割取得の様式（価値や行動パターン）と順序を学習し，徐々に自分のライフコースの目標を立てる。

　社会における主要な「役割経歴」としては，家族・親族上の役割経歴（娘／息子，兄／姉，夫／妻，父／母など），教育上の役割経歴（どこの学校の学生・生徒か，クラブ活動経歴など），職業上の役割経歴（どこの企業の社員か，上司／同僚／部下など），友人役割経歴，地域社会での役割経歴（どこの住人か），その他

のボランティア的な（任意の）役割経歴などがある。個人は，人生の各時点で，それぞれの役割群間・群内を調整しながら，さまざまな役割を果たして生きている。なかでも，職業役割経歴と家族役割経歴は，個人のライフコースに一定の「連続性」を与える2つの主要な役割経歴だとみなされている。

　たとえば職業役割経歴を考えてみよう。就職（職業上の役割取得）する場合には，どんな仕事を，いつから，どのように始めるかなど，多くのことを決定しなければならないが，それと同時に，どんな学校に行って何を学ぶ／学んだのか（教育役割），就職後どこに住むのか（地域役割），就職後は親元を離れるのか同居するのか（地域／家族役割），仕事と他の役割（たとえば，妻／夫役割や母親／父親役割 etc.）をどのように両立させるのか（職業／家族役割）といった多くの役割間の調整を行わなくてはならない。「就職」の延長上には，そうした役割調整が待ち受けているのである。ライフコース選択とはすなわち，時機（タイミング），間隔，順序を含めた役割選択／取得の過程なのである。

コーホートと共通体験

　ところで，ライフコースは私たちの生きている時代と密接に関わっている。ライフコースは加齢につれて発達的に変化するが，発達のあり方は，その人が生きる時代の人口構成，生活水準，景気の状態，社会制度のあり方，すなわち社会的・文化的環境によって影響を受ける。したがって，生きた社会や時代背景，社会的位置づけが異なれば，ライフコースもそれに対応して変化する。

　同時代のライフコース・パターンの特徴をとらえるためには，「コーホート」という視点が有効である。コーホートとは，特定の出来事を同じ年に経験する統計上のグループのことで，同じ年に生まれた人たちは同じ「出生コーホート」として表される。たとえば，1994年に生まれた人たちは，同じ「1994年出生コーホート」ということになる。とくに出生コーホートは，いつ生まれたのかということだけでなく，ライフコースを通じてどういう時代を生きたのかということも示してくれる。同じ出生コーホートであるということは，同じ教育制度，同じ労働市場の状況，同じ情報環境，同じ人口状況のなかで育った人たちということになる。出生コーホートのほかに，たとえば卒業年が同じ「学卒コーホート」や，結婚年が同じ「結婚コーホート」，退職年が同じ「退職コー

ホート」など，いくつかの人生の節目を同じ年齢で経験する人びとのグループも設定される。このように，同じ年に同じ出来事を経験した人たちを「コーホート」として括ることができるのは，私たちが，社会の構造と深く関わって生きているからにほかならない。もちろん，同一コーホートだからといって，皆が同じライフコース・パターンをたどるとは限らないが，少なくとも，同じ社会に生まれ育っていれば，同じ時代の影響を受けながら生きてきたという共通項がある。1993年から2005年の就職困難期（「就職氷河期」）に「就職」という出来事を経験することになったコーホートを「氷河期世代」と呼んだりするが，それはこの時期に就職を経験した人びとが，共通して困難な就職環境にあったことを示している。

　また，ライフコースは戦争や政変，飢饉，災害など，その社会全体を巻き込むような大きな出来事の経験からも影響を受ける。こうした出来事はコーホートを越えて広範な人びとのライフコースに影響を与える。たとえば，「3.11」の大震災の経験は，それぞれの個人のライフコースに刻印される。その経験によって，たとえば家族関係や学校，仕事，経済的な影響ばかりではなく，その後の価値観や人生観にも影響を及ぼす。同時代を生きた共通体験もまた，個人のライフコースを形づくる重要な装置の1つである。

2 多様なライフコースの存在

ライフコースの「標準モデル」と多様性

　さて，それぞれの時代のライフコースには一定の「標準モデル」がある。しかしそれは，何歳のときに，どういう出来事を，またどういう順序で経験するかという平均値の統計的な組み合わせであり，「現実の」個人のライフコースではない。したがって，個人の「生の」ライフコースはたいてい標準モデルどおりにはいかない。とはいえ，学校卒業，就職，経済的独立，結婚，親になる……といった出来事（＝特定の役割取得）を，一定の順序で，かつ一定の年齢幅において経験することが社会的に期待されている。ただし，こうした年齢規範（たとえば，結婚は30歳までに……といった）自体，消えてはいないが弱まっていることは明らかである。

図 1-1 ● 出生コーホート別の平均的なライフコースとライフステージ

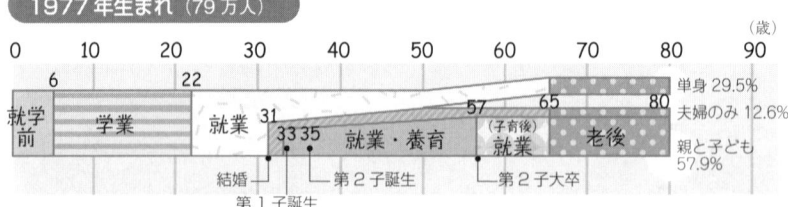

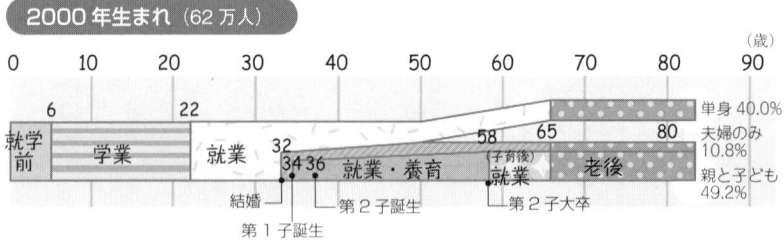

(注) 1) 人口：当該年の国勢調査，定年：現行年金制度の給付開始年齢，死亡：国立社会来生命表の中位仮定（30歳の平均余命），同「日本の世帯数の将来推計（平成25年・就学期間：大学・大学院の進学率の推移等をもとに仮定，結婚：平均初婚年齢のら回帰して仮定．
2) 図中の各ライフサイクルの人口数は，以下の前提をもとに概ね算定し，帯の幅に・生涯未婚：国立社会保障・人口問題研究所「人口統計資料集（2010年版）」，「日均に30歳人口を乗じて仮定，夫婦のみ：「日本の世帯数の将来推計（平成25年1の合計）の割合を算出し，30歳人口を乗じて仮定．

(出所) 厚生労働省（2013：105-106）．

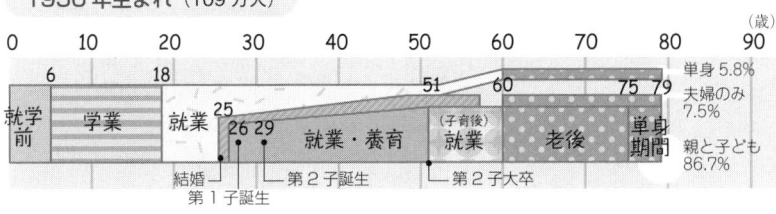

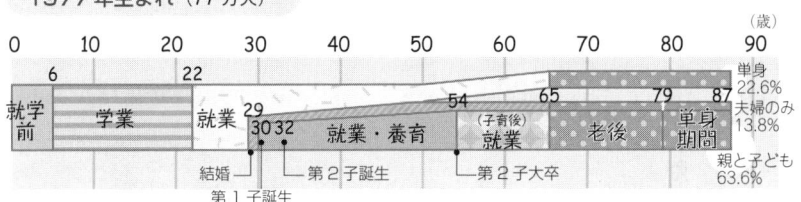

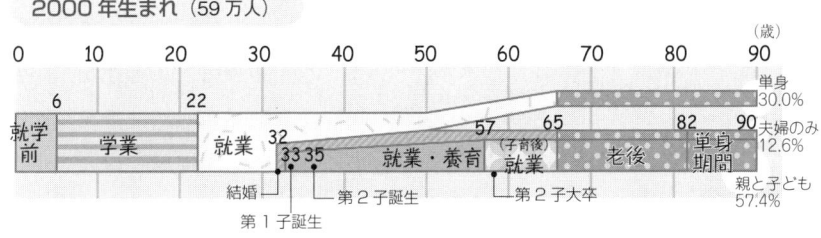

保障・人口問題研究所「日本の将来推計人口（平成24年1月推計）」における男女年齢別将
1月推計）」のほか，以下の前提をもとに推計。
推移から回帰して仮定，出産（第1・2子誕生）：女性の第1・2子の出産時平均年齢の推移か

反映。
本の世帯数の将来推計（平成25年1月推計）」における45-49歳と50-54歳の未婚率の平
月推計）」から，夫婦と子，ひとり親と子の世帯数総数（30-34歳，35-39歳，40-44歳階級

図1-1は，3つの出生コーホート（出生年が同じ統計グループ）のそれぞれの平均的な人生の長さと出来事の経験値を示したものである（なお，この図では年次統計を組み合わせて数値を推計で算出してあるので，他の統計とは数値が一致しない場合がある）。出生コーホートが若くなるほど，全体的に男女とも帯が長くなっているとともに，女性の老後期／単身期が大きく延びていることが注目されよう。ただし前述したように，今日では必ずしも同じコーホートであるからといって，コーホートの全員が同じステージを同時期に，かつ一方向に移行するわけではないこと（コーホート内多様性）が強調されるようになっている。ちなみに，図1-1でも未婚・非婚化の趨勢を受けて，結婚しない人生も1つのパターンとして想定されており，結婚して子どもをもうけるコース（親と子ども），結婚するが子どもをもうけないコース（夫婦のみ），結婚しないコース（単身）の3つのパターンが出生コーホート別に並んで表示されている（帯の太さは人口数に比例）。また，図1-1中の各コーホートの右端の数値は，そのライフコースを選択した／すると推計される出生コーホート中の人口割合であるが，最近の出生コーホートほど各コースへの分散がみられる。

　図1-1に示される「2000年出生コーホート」の標準パターンでは，結婚は男女とも32歳，1，2年後に第1子をもち，子どもは2人，65歳までは「現役で」，65歳以降は「老後」として男性83歳，女性90歳までの人生を，男女とも仕事と家族とに関わりながら生きる，というものである。つまり，2000年に生まれた人たちは6歳で学校キャリアを開始し，22歳前後で最終学校を卒業し，卒業後間を空かずして職業キャリアが開始するというのが「平均的な」ライフコース・パターンであるが，これがしばしばライフコースの「標準モデル」として示される。とはいえ，図1-1で示された3つの出生コーホート比較からもわかるように，ライフコースの「標準モデル」は時代とともに変化する。人生の長さだけでなく，内部の区分（ライフステージ）も変わっている。つまり，社会変動に応じてライフコースの「標準モデル」も変化しているのである。このことは，少しずつ人生の設計図が変わってきたこと，変わらざるをえないことを意味している。「標準モデル」（統計的平均値の組み合わせ）は同時代のライフコースの1つの指標であるが，個人が一生の間に経験する仕事への関わり方やパートナー関係は多様になっている。

ライフコース自体が長期化し，また多様化していることを前提に，これからのキャリアデザインを模索する必要がある。そこで，働き方，結婚，暮らし方の３つの点から多様化の実態をみていこう。

働き方の多様化

　まず，「職業をもつ」ことが，男女を問わず個人のライフコースに組み込まれるようになった。これまで，男性はライフコースのかなりの期間にわたって途切れなく「働く」ことが想定されており，それがある意味で男性のライフコースの「柱」とも思われていた。一方，女性はある時期までは働くが，いずれ働くことから撤退をすることが想定されていた。いずれも 1980 年代くらいまでの「平均的な」ライフコース・モデルである。しかし近年では，女性のライフコースにも結婚後の就労が織り込まれるようになった。図 1-2 は，希望するライフコースの推移を示したものだが，女性の希望するライフコースも男性がパートナーに期待するライフコースも，1990 年代の後半から大きく変わってきた。どちらも，「専業主婦コース」が急激に減少し，「両立コース」と「再就職コースが」伸びている。また女性の予定のライフコースも，1992 年調査ではほぼ 30 ポイント差があった「再就職」と「両立」の差が，2010 年調査では 10 ポイントに縮まり，今後もさらに縮まる（もしくは逆転する）趨勢を示している。理想のコースと予定のコースの割合が接近してきたということは，それだけ，みずからの理想のコースの実現可能性が高まったということでもあろうか。

　図 1-2 をみると，女性のライフコースを未婚の男女がどのように考えているかについての時代的な推移がうかがえると同時に，女性にはいくつかのライフコースが想定されていて，けっして特定のコースだけが理想とされているのではないこともわかる。さらに，理想のライフコースでは低い割合なのに，予定のライフコースとしては「非婚就業コース」も 2000 年代に入って急速に増加しているのも注目される。

　男性のライフコースは，働き方に関して女性ほど明確な複数のコースはみられない。しかし 2000 年代に入って，個人の意思であれ，やむをえない選択であれ，男性も非正規雇用での就労が増加し始めてから，初職時に正規雇用からスタートする人と非正規雇用からスタートする人，転職の有無や転職回数など，

ライフコースの多様化が進んできている。さらに，就労中のワーク・ライフ・バランスのとり方など，実際的な働き方は男性においても様変わりしており，どのような働き方を望むのか，また家族役割など他の役割との折り合いをどの

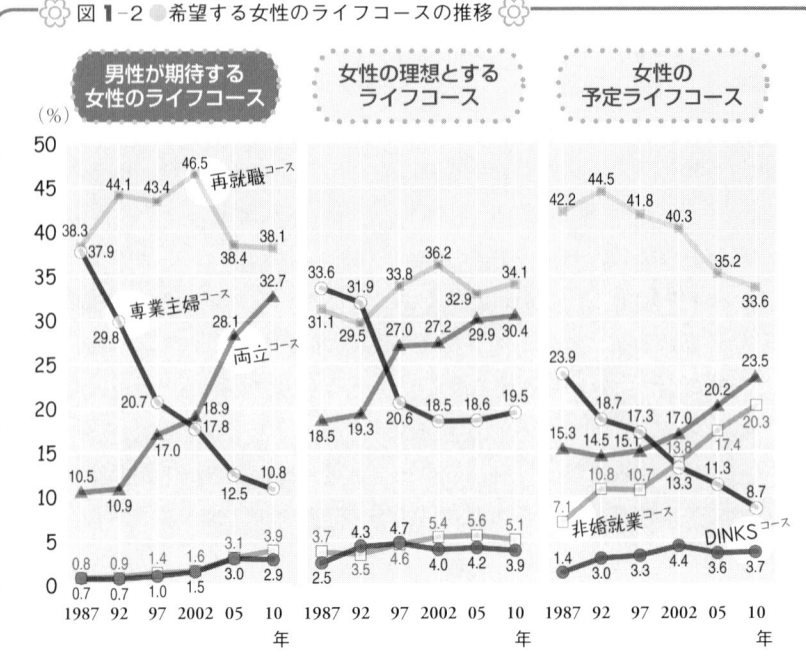

図1-2 希望する女性のライフコースの推移

(資料) 国立社会保障・人口問題研究所「出生動向基本調査」および鎌田 (2013) より厚生労働省政策統括官付政策評価官室作成。
(注) 対象は第9回調査においては18-34歳未婚者，第10-14回調査においては18-39歳未婚者。その他および不詳の場合は省略。
(設問) 女性の理想のライフコース：(第9-10回調査)「現実の人生と切りはなして，あなたの理想とする人生はどのようなタイプですか」，(第11-14回調査)「あなたの理想とする人生はどのタイプですか」。
女性の予定ライフコース：(第9-10回調査)「これまでを振り返った上で，実際になりそうなあなたの人生はどのようなタイプですか」，(第11-14回調査)「理想は理想として，実際になりそうなあなたの人生はどのタイプですか」。
男性がパートナー（女性）に望むライフコース：(第9-12回調査)「女性にはどのようなタイプの人生を送ってほしいと思いますか」，(第13-14回調査)「パートナー（あるいは妻）となる女性にはどのようなタイプの人生を送ってほしいと思いますか」。
(出所) 鎌田健司 (2013)，「30代後半を含めた近年の出産・結婚の意向」ワーキングペーパーシリーズ (J), 国立社会保障・人口問題研究所。

ようにつけたいのか，これからは男女とも，自分の働き方を自分自身で，あるいはパートナーと協議して決めていくことが，ますます求められるようになるだろう。

　　結婚の多様化　　1980年代から未婚化，非婚化が進行している（図1-3）。その背景にはいくつかの理由があるが，主な要因は，結婚のモラトリアム化（結婚時機の引き延ばし）の進行と結婚観の変化であった。80年代は高学歴化と女性の社会進出が進み始めた時期であり，「結婚はまだ早い」という感覚が20代男女に広がった時期である。同時に結婚観も変化し始め，「適当な相手とめぐり会うまでは結婚しなくてもかまわない」

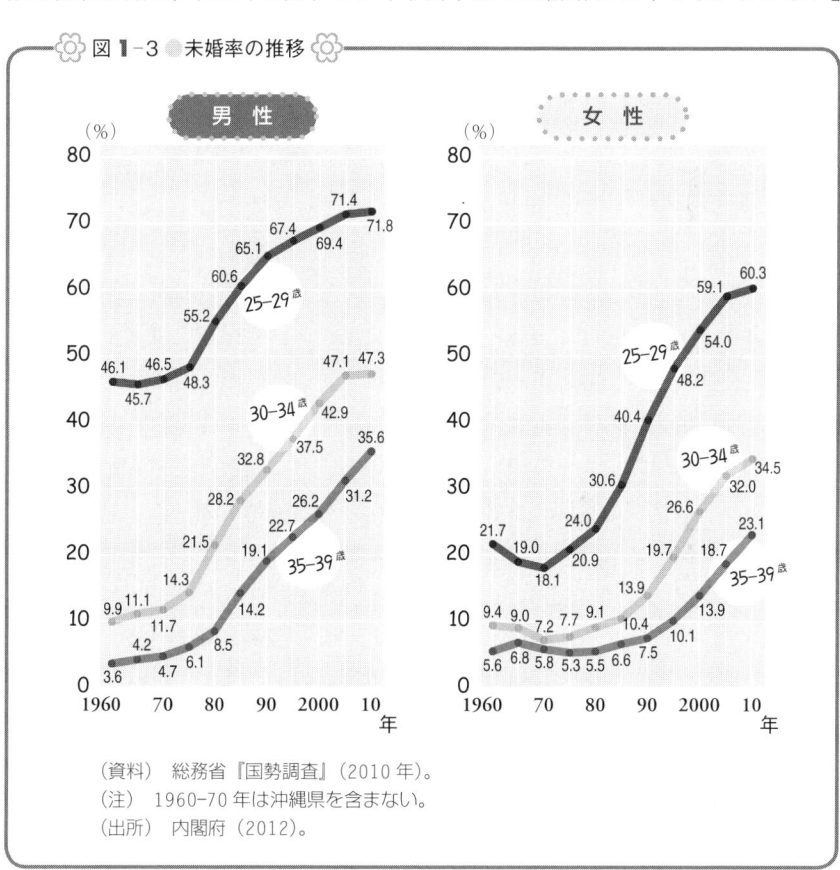

図1-3　未婚率の推移

（資料）　総務省『国勢調査』（2010年）。
（注）　1960-70年は沖縄県を含まない。
（出所）　内閣府（2012）。

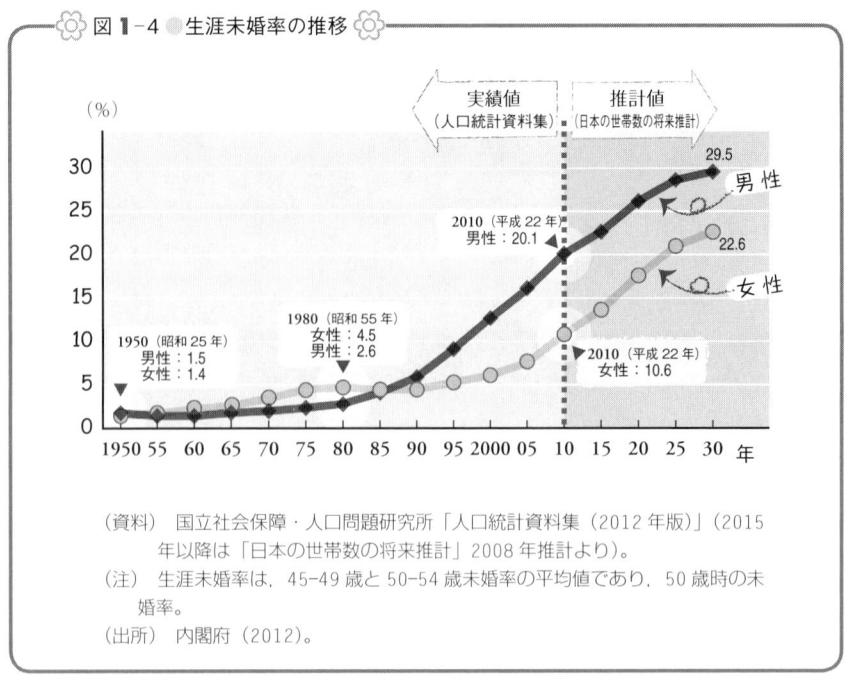

図 1-4 ●生涯未婚率の推移

（資料）国立社会保障・人口問題研究所「人口統計資料集（2012年版）」（2015年以降は「日本の世帯数の将来推計」2008年推計より）。
（注）生涯未婚率は，45-49歳と50-54歳未婚率の平均値であり，50歳時の未婚率。
（出所）内閣府（2012）。

という意見が，「○○歳までには結婚したい」という意見を上回るようになった。つまり結婚することは，ある年齢までに果たすべき「達成課題」ではなく，個人のライフコース上の「選択肢」となった，ということである。

実際には結婚意思のある人は多いが，どのような人とパートナーになるかは，個人の意思や価値観によって決められる。このことを「結婚の個人化」というが，結婚の個人化が進めば，結婚する・しないを含めて，個人の選択の幅が広がり，ライフコースも多様化する。かつて「結婚」は，ライフコースにおいて20歳代後半あたりに想定された「標準的な」出来事であったが，今日では結婚しないライフコースも1つのパターンとしてありうると考えられている。実際に，予測では生涯未婚率も伸びてきている（図1-4）。ただし，欧米ではパートナー形成のあり方自体も多様化しており，「結婚」という形態をとらないパートナー形成の形が，今後は日本でも増えるかもしれない。

暮らし方の多様化　働き方や結婚（パートナー形成）の多様化を受けて，生涯にわたる暮らし方もまた多様でありうる。いつまで教育を受けるか，いつから働くか，いつ親から独立する（親の家を離れる）か，どのような人とパートナーになるか，その人と結婚するかしないか，子育てをどうするか，どのように経済的基盤をつくるか，人生を通じてどのような家族生活（＝親密な人びととの生活）を送りたいか，またどのように社会に貢献したいか，これらをみずから組み立てていくことになる。

3　少子高齢化，グローバル化時代のライフコース

人生90年時代　日本人にとって，個人の一生の想定時間（平均寿命）が実質的に動き始めたのは，1950年代からである。1950年代半ばにはじめて男女ともに60歳を超えて以来，平均寿命は男女とも伸び続け，85年には女性は80歳を超えて「人生80年時代」という言葉がマスコミでもてはやされた。2011年統計では東日本大震災での死亡者数増加の影響などで平均寿命は前年よりやや下がったものの，女性は80歳代半ば，男性はほぼ80歳に達し，男女とも今後も平均寿命は伸び続けることが予想されている。推計では，今世紀半ばの2050年には女性の平均寿命は90歳（男性は80歳代半ば）に達すると見込まれており，人生の時間的「標準モデル」が，「人生60年」とされていた20世紀半ば（祖父母の世代／親の世代のモデル）と比べて，30年間も延びることになる。まさに，「人生90年時代」の到来である（図1-1参照）。

　個人の人生の平均持ち時間が30年間長くなるということは，時間をかけてゆっくりと「大人になる」ことができることであり，また，従来はほとんど想定されていなかった老後＝高齢期を，たいていの人が経験するということでもある。つまり，いつまで学校に行くか，親とどう関わるか，いつから，いつまで，どのように働くか，どのようにパートナーとの関係を形成するか，どの時期に誰とどう暮らすか，私たちは高齢化という新たな事態のなかで，今日のライフコースにふさわしいライフデザイン（人生設計図）を改めて描く必要性に

直面している。

「おひとりさま」とコンボイ

「おひとりさま」は，いろいろな意味で用いられるが，多くの人がすぐに思い浮かべるのは高齢期のひとり暮らしであろうか。未婚のまま人生を送ると「おひとりさま」になって最後は孤独死，それだけは避けたい！　と，多くの若者が答える。しかし，この高齢社会でほぼ平均寿命まで（あるいはそれ以上）生きるとすれば，「おひとりさま」（単身世帯）で暮らす時期があるのが統計から垣間見える「実態」である。女性の高齢単身世帯のほうが多いのは，パートナーの年齢構成（これまでは夫が年上が多かった）に加えて，女性が平均的に長生きであることによるもので，「標準モデル」では，夫婦2人暮らしのあと夫が先に逝くパターンなので，男性は「おひとりさま」になりにくかった（ならないと思われていた）。ただし，1980年代以降続く未婚化と離婚率の上昇は，こうした状況を変えつつある。男性も「おひとりさま」の高齢期が，いまよりもずっと高い確率で待ち受けている。

とはいえ，だからどうすれば？　といわれると，上野千鶴子氏の指摘のとおり「『おひとりさま』になることを恐れるな」としかいいようがない。つまり，高齢期だけでなく，20代でも30代でも，はたまた40代，50代でも，未婚や離婚で「おひとりさま」の確率はつねにあるし，ライフコースの期間が伸びた今日ではその確率は高まっているといわざるをえない。要するに，結婚していても，結婚以外の形でパートナーと暮らしていても，子どもがいても，長いライフコースの「どこか」で「1人で暮らす」ことは覚悟しておく必要がある。ただしそれは，「独りぼっちで生きる」ことではない。

前述したように，未婚のままだと将来「孤独な独居老人」になると思い込んでいる若者も多いようだが，結婚する・しないということと高齢期の暮らし方とはあまり関連がない。というよりも，結婚は老後の保障にはならない。結婚していても，夫婦ともに長期にわたって健康で暮らせる保障はないし，子どもがいても子どもと暮らす高齢者は現実には少ない。老後を配偶者と（平穏に！？）暮らすことは確かに1つの理想形であろうが，支え合う相手は結婚しないパートナーであってもよい。また，たとえ1人で暮らしていても日常的に

関わる近所の人や友人がいれば安心である。要は，支えてくれる（支え合える）人たちを多くもつことが，高齢社会の暮らし方の必須条件である。

　自分を取り巻くそうした「支え合う仲間」（家族・友人・近所の人など）を，ライフコース論では「コンボイ」(convoys：元の意味は護衛船団) と呼ぶことがある。コンボイが必要なのは，何も高齢期に限らない。ライフコースを通じて，つねにそうしたコンボイに囲まれていることは大事なことである。人生のある時期には，学校の友人，また職場の同僚・上司やママ友も，家族と並んであなたの重要なコンボイであるかもしれない。他方で，「何といっても家族がいれば安心」と思っている人は年齢・ジェンダーにかかわらず多いが，経済状態も健康状態も良好な家族がつねに身近にいて生涯あなたを支えてくれる保障はない（もちろん，あなたが家族を支える側になることも多い）。確かに，家族（とくに親や配偶者，高齢期には子ども）が多くの人にとって最重要のコンボイ，もしくはコンボイの中核であることに異論はない。とはいえ，ライフコースを通じて「自分の暮らしを支える」という意味では，家族だけに頼ることはきわめてリスクが高い選択である。

　暮らし方が多様化し，また人生のある時期に1人で暮らす確率が高まるなかで，自分にとってもっとも好ましいやり方で，それぞれのライフステージに対応した多様な人びとから成るさまざまな「コンボイ」をもつことが，これからの社会では生き方の重要なスキルとなろう。

　　　グローバル化時代に向けて

　さて，人口高齢化，個人化と並んで，現代社会のもう1つの特徴がグローバル化である。グローバル化は，今日さまざまに定義されているが，一般的には，経済，政治，文化のあらゆる次元で，これまでの国家や地域の枠組みを超えた，地球規模での結びつきが強まることをいう。要するに，人，モノ，金，情報が国際的に流動化する現象をさしている。高度な産業化の結果として，誰も明確には認識しないうちに進行し，地球規模でわれわれの生活に根本的な影響を及ぼすことになった20世紀末からの社会変動，それがグローバル化である。

　いいかえれば，グローバル化とは経済，情報，環境，技術，文化，市民社会といったさまざまな次元で，日常の行為が国境に制限されなくなることであ

る。たとえば仕事に関していうならば，勤務先も勤務地も日本国内とは限定されないし，共に働く仲間もさまざまな文化をもった出身地（国）の異なる人びとでありうる（彼らは，たとえ同じ出生年であっても，異なる教育制度で育った人たちであるかもしれない）。また仕事だけではなく，教育キャリアも，入学から卒業まで定められた年限どおりに経過する人たちばかりではなく，海外留学をしたり，一度仕事に就いてまた教育システムに戻ったり，結婚後子育てを終えてから再度教育システムに戻ったりと，多様なコースがありうる。海外でも日本でも，生涯にわたって教育を受ける機会は着実に拡大しており，年齢にかかわらず学習する意欲をもった人も増えている。さらには，未婚化が進むなかで，結婚のあり方やパートナー形成もまた多様化している。グローバル化によって，異なる文化，異なる価値観，異なる社会背景で社会化された人びとが，それぞれ混じり合って相互作用することが当たり前になった。そうした状況が進行するなかで，個人のライフコースは従来よりももっと流動的で多様化する要素に満ちているといってもよい。

　少子高齢化，個人化，グローバル化といった社会の状況を受け止めて，自身のライフコース選択をどうするのか，とりわけ成人移行期にある人たちにとっては大きな課題である。多様なライフコースが登場してきているが，いまだどれもライフコース・パターンとして確立しているとはいい難い。今日，成人期のライフコースにはモデルがないともいえる。モデルなき時代であるからこそ，成人のライフコース選択にあたり，あなたの望む「生き方のパターン」をあなた自身で組み立て，実践することが必要であり，また可能なのではなかろうか。

岩上　真珠

岩上真珠，2013，『ライフコースとジェンダーで読む家族（第3版）』有斐閣．
上野千鶴子，2007，『おひとりさまの老後』法研．
クローセン，J. A.（佐藤慶幸・小島茂訳），2000，『ライフコースの社会学（新装版）』早稲田大学出版部（初版 1987，原著 1986）．
厚生労働省，2013，『厚生労働白書（平成 25 年版）』．
国立社会保障・人口問題研究所，2013，『第 14 回出生動向基本調査 第Ⅱ報告書 わが国独身層の結婚観と家族観』．
田中洋美／ゴツィック，M.／岩田ワイケナント，K. 編，2013，『ライフコース選択のゆくえ——日本とドイツの仕事・家族・住まい』新曜社．
東京女子大学女性学研究所 矢澤澄子・岡村清子編，2009，『女性とライフキャリア』勁草書房．
ファーロング，A.／カートメル，F.（乾彰夫・西村貴之・平塚眞樹・丸井妙子訳），2009，『若者と社会変容——リスク社会を生きる』大月書店（原著 1997）．
プラース，D.（井上俊・杉野目康子訳），1985，『日本人の生き方——現代における成熟のドラマ』岩波書店（原著 1980）．
ベック，U.（木前利秋・中村健吾監訳），2005，『グローバル化の社会学 グローバリズムの誤謬——グローバル化への応答』国文社（原著 1997）．
森岡清美，1987，「ライフコース接近の意義」森岡清美・青井和夫編『現代日本人のライフコース』日本学術振興会．
Elder, G. H. Jr., 1978, "Family History and the Life Course," Hareven, T. K.（ed.）, *Transitions: The Family and the Life Course in Historical Perspective*, Academic Press.

自分について振り返ってみよう

いままでの経験やあなた自身がこれからやりたいことを知ろう。

●WORK●1

自分のいままでの経験を思い出してみよう。

	小学校時代	中学校時代
楽しかったこと好きだったこと		
嫌いだったことつらかったこと		
いちばん思い出に残っていること		

CHAPTER 1

❶ ワークシート

高校時代	いま
	楽しいこと　好きなこと
	嫌いなこと　つらいこと
	いちばん一生懸命やっていること

●WORK●2

自分の好きな点は……

自分のあまり好きでない点は……

第2章
「大人になる」ことの意味

子どもが大人へと移行する時期が青年期である。大人になるためには子どもとしての自己が変革され、大人へと生まれ変わる必要がある。この課題の達成は現代社会において非常に困難であり、多くの心理・社会的問題を引き起こしている。

1 「大人になることのむずかしさ」と「成熟拒否」

大人になることのむずかしさ

日本がまだバブル経済とその崩壊を迎える前の1983年に，大人になることをめぐって象徴的な本が2冊出版された。河合隼雄『大人になることのむずかしさ』（岩波書店，1983年）と山田和夫『成熟拒否』（新曜社，1983年）である。前著の著者は，当時京都大学教授の心理臨床家であり，後著の著者は当時東京大学保健センターの精神科医であった。日本を代表するような2つの大学に勤務する心理臨床家と精神科医が，みずから経験したケースをもとにして，当時の青年にとって青年から大人へ移行するという課題がいかに困難なものか，またその移行過程でさまざまな精神障害が現れる実態と，その心理的背景が報告されたのである。

日本はその後，バブル経済の熱狂とその崩壊，そしてその後の就職氷河期と長く続く不況とを経験して現在にいたっている。1980年代の青年においては，将来は現在よりも明るくより豊かになれると一般的に信じられていた右肩上がりの社会状況のなかにいたのである。しかし現在の青年にとってはどうであろうか。現代の青年にとっての「大人になる」ということはどのようなことであろうか。

河合（1983）は現代社会には，本来それぞれの社会・文化に備わっていた子どもから大人への移行に必要な社会的儀礼が欠けていることを指摘した。子どもから，一人前の社会構成員としての大人への移行は，本来，子どもとしての自己をなくして大人へと生まれ変わるような大きな変化を必要とする。子どもがそのまま大人へと移行することは不可能で，子ども時代の死と大人への再生を象徴的に体験することが必要となる。いわゆる"未開社会"に存在する通過儀礼（イニシエーション）がそれにあたるとした。彼は，「未開社会においては，イニシエーションの儀式によって子どもがはっきりと大人へと変革されるので，大人になることの難しさなど存在しない。そのときの試練に耐えられないものは殺されてしまって，中途半端な大人など存在しないことになる」（河合 1983: 64-65）と述べている。

人類学者のJ. ホワイティング（Whiting 1958）によると，イニシエーションとは，①厳しいしごき，②割礼などの性器損傷，③女性からの隔離，④男らしさの試練，のいずれかが含まれており，心理学的にいえば，これらは子ども時代が死に，大人に生まれ変わるという，死と再生を意味する儀礼であると考えられている。たとえば，現在はレジャーとして行われているバンジー・ジャンプは，元々バヌアツ共和国のペンテコスト島で行われていた通過儀礼であり，足にツタをくくりつけて数十メートルの木のやぐらから飛び降りるという，まさしく死と隣り合わせの危険な試練であった。現代社会では，このような命がけの通過儀礼が欠けているために，子どもから大人への境があいまいであり，本人自身の自覚も，その個人を一人前の社会構成員として受け入れる社会自体の自覚もないままでいる。そのあいまいさは，個人と社会の問題だけでなく，大人としての心と体の関係性（性の問題）や自己と他者との関係性にも大きな問題を投げかけており，多様な精神的問題を引き起こしていると指摘したのである。

成熟拒否　　一方，山田（1983）は，知的発達のみを促進し，情緒的・対人関係的発達を軽視するような養育環境と，母親の存在が圧倒的に強大で父親性が欠如しているような家庭環境で育った青年には，一人前の大人として社会に出ていく力が欠けているために，"大人になりたくない"心理が存在することを指摘した。その心理には大きく2つの側面があり，大人を醜い存在ととらえ，そうなることを回避しようとする側面と社会的責任を果たす自信のなさから大人になることから逃れようとする側面があるとしたのである。そのため，学生である間は適応的であっても，青年から大人への移行の時期（卒業時）になると多くの精神的問題を発現しやすいことを，さまざまなケースを示しながら明らかにしたのである。

　青年の「大人になりたくない」心理に関しては，最近の研究（吉村・濱口 2007，高石 2009）においても，その存在が確認されている。吉村・濱口（2007）では，中，高，大（1年生），専門学校生を対象にして質問紙調査を行った結果から，「大人性獲得不安」因子（「将来への自信の欠如」「自己の将来像の欠如」「責任の重圧」「束縛への懸念」の下位因子から構成）と「子ども性喪失懸念」因子（「大

人に対する退屈イメージ」「大人に対する不純なイメージ」の下位因子から構成）が見いだされている。また，高石（2009）は，大学のカウンセラーとして「ここ数年の新たな現象として注目されるのは，4回生で就職先が内定したあと，社会にでる不安からうつ状態やパニック症状などを呈する一群の学生たち（いわゆる「内定うつ」）」（高石 2009: 82）の存在を示し，彼らの特徴として成績の優秀さとまじめさを指摘した。従来から，社会に出ることを先送りしたいという意識的・無意識的な動機から留年や編入学・大学院進学を選択する学生の存在は広く知られていたが，現代の学生は突然に精神症状を発現させる。現在，大きな社会的問題になっているニートやひきこもりの現象の根底には，このような「大人になりたくない」青年の心理があると考えられる。

2 社会に出ていくことの意味

親からの自立

ところで，現代社会においては，青年から大人へいつ移行するかについては一致した見解は存在しないが，少なくとも親に依存して生活していた者が親から自立する方向に変化し，多かれ少なかれ個としての自立を実現していくというプロセスが存在することは否定しえないであろう。青年期から成人期への移行とは，現実社会のなかで自己を達成することを意味している。まず親に依存していた存在から，自立する存在へと変化することである。自立には，大きく3つの側面があると考えられる。それらは，経済的自立，身辺的自立（掃除・洗濯・料理といった身の回りの自立），そして精神的自立である。現代社会では，まず経済的自立が試されることになる。親に頼らず衣食住の費用を賄うためには安定した収入源を確保する必要がある。安定して働くことが，親からの経済的自立を達成するための必須の要件である。また，そのためには精神的自立（精神的な強さ）を必要とすることはいうまでもない。

次いで，性愛的に親から自立することが必要とされる。日本の文化的環境では，定職を得て経済的自立ができる成人期の子どもであっても親の家を出るとは限らない。これが欧米の家族関係と大きく異なる点である。日本の成人が親

の家を出るのは結婚時であることが多いが，晩婚化が進んでいる現代では長期間親の家にいて身辺的に親に依存している者が多くいる。配偶者を見いだし親の家を出てみずからの家庭をつくることは，成人期の課題である親密性の実現であると同時に身辺的自立を成し遂げることでもある。経済的自立と身辺的自立を同時に実現するには，精神的自立を必要とする。このように青年期までに徐々に形成されてきた自立の力は，成人期へ移行することによって現実社会の試練を経験することになる。このような試練を経て大人へと移行するのであるが，この時期に問題を抱える者が多く現れることになる。

S.フロイトが彼の晩年に弟子たちから健全な大人の条件を尋ねられて，「愛することと働くこと」と一言だけいったという有名なエピソードがある。E.H.エリクソン（1959）はこの考えを発展させ，青年期の課題を自我同一性の獲得と職業選択，成人期前期の課題を親密性の獲得と配偶者選択とした。この2つの課題は，個としての問題であると同時に関係性の問題でもある。成人期は，定位家族をベースに生きてきた個人が，そこから自立して個として生きることができ，次いでみずからの家族をスタートさせる時期である。

しかしながら，自立するということは，単に他者に依存せずに個として生きることを意味しない。個として生きていける力を用いて，親を含む他者との間に新たな関係性をつくることを意味する。比喩的にいえば，だっこされ手を引かれて生きてきた子どもが，みずからの足で歩き応分の荷物を背負い，次に弱者の手を引いてあげられるようになれるということを意味するのである。個として生きていくということは，孤立することでも他者を邪魔者のごとく排除することでもない。それゆえ，本来的には「愛すること」のほうが「働くこと」の前にあるのである。

| 「大人になること」に関連した実証研究から |

「大人になること」についての考えには，文化差が大きくある。たとえば，アメリカの児童・青年は，論理的に言葉で自己主張することや，自分の意見をもっていることが重要であると繰り返しいわれ奨励される。親に対して自分の意見を主張することや，親の意見に反対できることは，親に対する受容と尊敬の指標として考えられている（Grotevant & Cooper 1986）。アメリカの子どもは，個性的で，リーダーシッ

プをもつことが期待され，同調者は軽蔑される傾向がある。親は子どもに対して，友だちのいうままになったり真似たりせずに，自分自身の判断で行動しなさいと繰り返しいう（ディビッツ・池田1990）。周囲に惑わされることなく，自分の論理と価値観を大切にして，判断し行動しなさいということなのである。

　日米の母親の子どもに対する発達期待を調べた研究をみると，アメリカの幼稚園児の母親は，「言語による自己主張」や「社会的スキル」（自発性，主体性，リーダーシップ）などを日本の母親よりも強く求めるのに対して，日本の幼稚園児の母親は，「従順」（親のいうことをきく）「感情の統制」（やたら泣かない）などを強く求めることが示されている。このことは，社会的な独立性の発達をアメリカの母親は強く求めるのに対して，日本の母親は，「他人と一緒にいて迷惑にならない性質（中略）一緒に生活し自分から離れずくっついている相手として具合のいい性質を求めている」（東・柏木1989: 137-138）と考えられるのである。

　鈴木（2002）は，日米の大学生を対象に「大人」の条件を比較する研究を行った。先行研究から選んだ「大人」の条件に関する24項目の重要性を5段階で評定してもらった。その結果，アメリカでは「精神的自立」（自分をよく知っている，自分で決定ができる，自分に責任がもてる），「経済的自立」「身辺的自立」（料理・洗濯などを自分でする）ができ，かつ「思いやりがある」存在が「大人」とされた。すなわち，大人概念は非常に明確で，親から自立し，なおかつ思いやりがあれば，それは大人であると考えられ，親も青年も大人になることを求め，これらの条件の達成を努力目標にして児童期・青年期を過ごすのである。これに対して日本では，親からの自立も重要ではあるが，それだけでは不十分で，「結婚し」「家族を大切にし」「子どもをよくしつけ」「社会的な義務や役割を果たせる」といった，家族や他者との関係をうまくやっていける存在でなければ「大人」とはされない。それゆえ，どこまで発達したら大人であるかが不明確なままで青年期を過ごすことになる。

　また，アメリカにおいては，親の発達期待に沿ったよい子は，アメリカ社会において望ましい大人に移行しやすいが，日本においては，親の発達期待に沿った従順なよい子が，自立した大人になることには，大きな断絶と困難があると思われるのである。

「自立」をめぐって

日米の文化で決定的に異なるのは，青年期の課題が「親の家を出ること」とされているか否かであろう。R. ベラー（1985）は，「（アメリカでは）子ども時代とは，主として家を出るという最も重要な出来事に向けての準備期間として見なされている」と述べている。それゆえアメリカにおいては，どのようにして家を出ることがその後の適応と関連しているかというテーマが，家を出る戦略（leaving home strategy）の研究としてなされている。たとえばムーアとハッチ（Moore & Hotch 1983）やアンダーソンとフレミング（Anderson & Fleming 1986）などによれば，親からの分離をどのように意味づけるかによって，分離後の社会的適応（学業や対人関係等）に差異が認められるとした。親からの分離を「経済的自立」をすることや「パーソナル・コントロール」を獲得することと意味づける場合には，ポジティブな適応が示されるが，「情緒的離脱」（情緒的に親と切れること）と意味づける場合にはもっともネガティブな結果が示されることを明らかにした（鈴木 1997）。

また，日米の青年を比較してみると，日本の青年は「親の家から離れて暮らすこと」を自立にとって重要なこととは認知せず，アメリカの青年は重要なことと認知している。逆に，「結婚すること」「自分が親になること」は日本では重要なことと認知されているが，アメリカでは重要視されていない。また，日米の青年にとって自立の3側面（経済的自立，身辺的自立，精神的自立）は同様に重要であるとされるが，「経済的自立」と青年の「自尊心」との間に有意に正の相関があるのはアメリカのみであって，日本においては無相関であった（鈴木 1999）。

社会理念と社会的サポート

アメリカの子どもは，高校卒業と同時に（18歳）家から離れようと試みる。一般にアメリカの家庭では，子どもが成長するにつれ親子の世代間隔差が増大し，両者の価値観の対立が明確になる。子どもは仕事に就けば当然であるが，大学に進学しても奨学金を得たりアルバイトをしたりして，できるだけ家を離れ経済的に自活しようとする。親も社会もそれを望ましいものとしているのである。

また，大学も多様な奨学金を用意し，多くのアルバイトの仕事を学生に提供

する。たとえばカリフォルニア大学（10の分校から構成されている州立大学）では，「財政援助パッケージ」というものが大学によって用意されており，過半数の学生がそれを利用している。内容は成績優秀者に与えられ返済の必要がないスカラーシップ，経済的に困難な家庭出身の学生に与えられ返済の必要がないグラント，大学が低利で貸しつけ卒業後に返済するローン，そしてワーク・スタディと呼ばれる学内アルバイトである。大学食堂の運営，ゲストハウスの管理，売店の店員，大学事務の補助などは，責任者を除いてほとんどが学生アルバイトである。

しかし家を離れることは，青年にとっても残された親にとっても大きな課題である。まだ，十分な大人としての自立能力が身についていないのに，家を離れなければならない青年の不安や孤独感の問題や，解決されない親子関係の問題があるからである。アメリカで家を離れるということは，自動的に親からの自立の3要素，経済的自立，身辺的自立，精神的自立の達成を求められるということである。この問題にうまく対処できないケースでは，精神的な破綻だけでなく，学業上の失敗，薬物乱用，望まないティーンエイジでの妊娠など，広範な不適応的問題が現れる（Kraemer 1982）。

日本では，18歳で家を出て親の世話にならず自活すると青年がいいだしたら，それは自立というより「家出」ということになってしまうであろう。日本ではこの時期，青年は必ずしも親の家を出るとは限らないが，親との心理的距離を広げ，分離・自立を達成しなければならないことは同様である。日米の差異は，親との距離と関係のもち方，そして個人の中心に何を置いて青年期の自立を達成するかということに明確に現れると考えられる。

青年期の課題の1つは，親との愛情とコミュニケーションを保ちながら親からの自立を増加させることという矛盾した課題を達成することにある。同様に，親も子どもとの愛情とコミュニケーションを保ちながら青年の自立を許すというものである。しかしながら，このような矛盾した課題は，しばしば葛藤を引き起こすし，青年と親の両方に精神的な問題が現れる可能性をはらんでいるのである。

3 青年期の課題と成人期のつまずき

自我同一性拡散症候群とニート

すでに記述したように、親からの自立を前提とする大人の条件、すなわち「愛すること」と「働くこと」について検討すると、現代日本における文化的特徴や社会構造的問題があることがわかる。しかし、その根底には成人期のパーソナリティの病理が横たわっていると考えられる。それらは当然、青年期やそれ以前に萌芽があるが、生活の中心を社会へと移行しなくてはならない成人期で顕在化するものである。

エリクソンは、青年期に自我同一性を確立しえないと、病理状態である自我同一性拡散症候群が現れるとした。自我同一性の獲得は、青年期の課題であるが、その病理的状態である拡散症候群は前期成人期にしばしば顕在化する。急性の症状は、自分が「肉体的な親密さ」「決定的な職業選択」「激しい生存競争」「心理・社会的な自己定義」などが要求される経験に曝されていると気づくときに、顕在化される。その主症状は、①選択回避・選択麻痺、②親密さの回避、③時間展望の拡散、④勤勉さの拡散、⑤否定的同一性の選択、などである。

青年を取り巻く現代社会での大きな問題の1つに、ニートの問題がある。ニートとは教育、雇用、職業訓練のいずれにも身を置いていない若者のことである。小杉(2005)は、15〜34歳の非労働者数(学生、専業主婦を除く)を算出している。それによると2000年に44万人だったものが2003年には64万人と増加している。同様に、玄田・曲沼(2004)では、15〜25歳で推定し、2000年には17万人、2003年には40万人としている。多少乱暴ではあるが、両研究から25〜34歳の年長ニート数を推定すれば、20〜27万人程度いることになる。

玄田・曲沼(2004)では、一度も求職活動をしたことがない者に対してその理由を尋ねている(複数回答)。もっとも選択率が高かった項目は、「人づきあいなど会社生活をうまくやっていける自信がないから」(49.1％)であり、第2位は「自分の能力・適性に合った仕事(向いている仕事)がわからないから」(29.2％)であった。これらの社会現象の背後には、自我同一性拡散傾向があると推測される。

過敏型自己愛とひきこもり

現代青年は，自己愛傾向が強いと指摘されている。現代の日本においては，よい学校に入って周囲からの羨望や賞賛を浴びること，有名になること，あるいは美しい身体や容姿を褒めたたえられることなど，きわめて直接的な自己愛の満足が唯一の生きがいになっているとされる（小此木 2000）。しかし，受験に失敗したり，幼い頃からの夢が破れたりして挫折すると，急速に活力を失い，周囲に対して潜在的な敵意を向けるような現象がしばしばみられる。

自己愛人格障害は，無関心型と過敏型といった2タイプに分類されることが多いが，無関心型は他者の反応には関心をもたず自己顕示性や自己主張性を表に出すが，過敏型は他者の評価に非常に敏感であり，対人関係を回避する傾向が強い。このような2類型を示唆する先行研究は数多くあり，用語は異なっていても他者の反応や評価に無関心な誇大性を特徴とする自己愛傾向と，他者の反応や評価に過敏で回避性を特徴とする自己愛傾向とに分類しうることには一致がみられている（Gabbard 1994）。この両タイプに共通する傾向は「注目欲求」の高さである。誇大型は，何らかの社会的側面での達成があり，目的意識と自尊心が高く，注目欲求も満足されているのに対して，過敏型では何らかの社会的側面での失敗があり，目的意識が失われて自尊心が低く，注目欲求不満状態にあると考えられる（鈴木・北村・菅原 2007）。

とくに注目したいのは過敏型で，外界との接触を回避し，自己に閉じこもる傾向が強い。「ひきこもりの評価・支援に関するガイドライン」（厚生労働省 2010）によると，ひきこもりの人がいる世帯は約26万で，ひきこもりの開始年齢はほぼ20歳，20代から30代の若者が中心であるとされる。2003年にNHKはアンケート調査を行い（18歳以上で対象者は約1000名），その結果を報告している（NHK「ひきこもりサポートキャンペーン」プロジェクト2004）。対象者の性別は男女約半々，年齢のピークは25歳で30歳以上（約24％）も多かった。ひきこもりの期間は1年以上5年未満が43％ともっとも多く，次いで5年以上10年未満が20％であった。学歴は大卒以上が29％でもっとも多く，大学在学中・中退の19％を加えると48％と約半数になる。この報告で興味深い結果は就労経験で，正社員経験者は32％であった。契約・派遣社員経験者は20％，アルバイト・パート経験者は78％であり，ほとんどのひきこも

りは何らかの職業についたあとにひきこもったと考えられるのである。

　なお，ここで取り上げたパーソナリティ傾向と社会的現象は，相互に関連性をもち，かつ重複しているため，現実には1対1では対応しないであろう。個々のケースを詳細に検討すれば，ひきこもりやニートの原因も多様であると考えられる。またすでに指摘したように，これらの傾向は成人期以前にその萌芽がみられるが，社会に出ていく必要性が高まる成人期で顕在化することが多い。しかしながら，大人の条件である「愛すること」と「働くこと」の達成と，大人としての人格成熟を困難にする要因であることは確かである。

この社会の「生きづらさ」

　最近，大学のカウンセリングセンターの面談や講義での学生の発言でしばしば耳にし，気になっている言葉がある。それは「努力をしても，報われない」という一種断定的な言葉で，現代の日本社会の特徴を反映しているのではないかと筆者には思われるのである。

　かつては，努力は報われない場合もあるが，基本的にいえば努力は報われるし，もしそのときには報われなくても努力したこと自体に意味や価値があり，また長い目でみれば，その努力したことが何か将来によい影響を与えるであろうと考えられた。ただ，このような考えは，ある世代までは当然とされた信念ではあるが，現代では単なる楽観的なリアリティのない言葉にしか感じられないのかもしれない。

　たとえばある学生が，高校時代の部活で皆と頑張って練習し，競技会に出たけど入賞できなかったというエピソードを語ったあとに，「努力をしたけれど，報われませんでした」という言葉でこの話を締めくくった。筆者はこの言葉で話が終わるということへの違和感を覚えたが，他の学生たちは何の違和感もない様子であった。

　現代青年の会話で，「コスパ」という言葉がしばしば用いられている。これはコストパフォーマンス（「投入される費用や作業量に対する成果の割合」。『広辞苑』）の略で，「コスパ」の悪いものには手を出さない，手を出すのはバカであるという文脈で用いられている。前述の競技会で入賞できなかったのは，コスパが非常に悪いことになり，やったことはまったくの無駄であると考えられ

ている。すなわち，成果は，短期間で得られなければならず，入賞のメダルのように具体的な目に見えるものでなければならないのである。

　努力は，長い目でみれば何かの成果につながり，いつかは報われるといったあいまいな考えは信用されない。現代は高度情報化社会である。次から次へと新たな情報や技術が入ってきて，いま役に立つ情報・技術であっても次の瞬間には無意味になっている可能性がある。そのような短命な情報・技術を多大な努力をして獲得するのはまったくの無駄ではなかろうか。それゆえ，成果は短期間に現れ，具体的で目に見えるものでなければ信用できないのである。また，努力を積み重ねれば未来は明るく豊かだと信じられればこそ，努力を積み重ねる大変さにいま耐えることができるのであって，それが信じにくくなった現代は，青年にとって「生きづらい」社会ではないかと思える。青年は，このような「生きづらい」社会へ「大人」として参入していかなければならないのである。

鈴木　乙史

参・考・文・献

東洋・柏木恵子，1989，『教育の心理学』有斐閣。
NHK「ひきこもりサポートキャンペーン」プロジェクト編，2004，斎藤環監修『hikikomori@NHK ひきこもり』日本放送出版協会。
エリクソン，E. H.（小此木啓吾訳），1978，『自我同一性——アイデンティティとライフ・サイクル』誠信書房（原著 1959）。
小此木啓吾，2000，「ひきこもりの社会心理的背景」狩野力八郎・近藤直司編『青年のひきこもり——心理社会的背景・病理・治療援助』岩崎学術出版社。
河合隼雄，1983，『大人になることのむずかしさ——青年期の問題』岩波書店。
玄田有史・曲沼美恵，2004，『ニート——フリーターでもなく失業者でもなく』幻冬舎。
厚生労働省，2010，「ひきこもりの評価・支援に関するガイドライン」
　http://www.ncgmkohnodai.go.jp/pdf/jidouseishin/22ncgm_hikikomori.pdf（2013年3月13日取得）
小杉礼子編，2005，『フリーターとニート』勁草書房。
鈴木乙史，1997，「青年から大人への移行——アメリカにおける青年の分離：個体化研

究の展望」『母子研究』18，15-22。
鈴木乙史，1999，「後期青年の自立と適応に関する日米比較」『聖心女子大学論叢』92，37-55。
鈴木乙史，2002，「『大人概念』の日米比較」『聖心女子大学論叢』99，99-119。
鈴木乙史・北村典子・菅原健介，2007，「自己愛の二面性に関する研究」『聖心女子大学論叢』109，96-117。
高石恭子，2009，「現代学生のこころの育ちと高等教育に求められるこれからの学生支援」『京都大学高等教育研究』15，79-88。
ディビッツ，L. L.・池田扶実子，1990，『アメリカ人のライフスタイル――ファミリーとソサエティ』サイマル出版会。
ベラー，R.（島薗進・中村圭志訳），1991，『心の習慣――アメリカ個人主義のゆくえ』みすず書房（原著 1985）。
山田和夫，1983，『成熟拒否――おとなになれない青年たち』新曜社。
吉村拓馬・濱口佳和，2007，「青年期の『大人になりたくない心理』の構造と，関連する諸変数の検討」『カウンセリング研究』40，26-37。
Anderson, S. & Fleming, W., 1986, "Late Adolescent' Home-Leaving Strategies: Predicting Ego Identity and College Adjustment," *Adolescence*, 21, 453-459.
Gabbard, G.O., 1994, *Psychodynamic Psychiatry in Clinical Practice*, The DSM-IV ed., American Psychiatric Press.
Grotevant, H.D. & Cooper, C., 1986, "Individuation in Family Relationship: A Perspective on Individual Deferences in the Development of Identity and Role-taking," *Human Development*, 29, 82-100.
Kraemer, S., 1982, "Leaving Home and Adolescent Family Therapist," *Journal of Adolescence*, 5, 51-62.
Moore, D. & Hotch, D., 1983, "The Importance of Different Home-leaving Strategies to Late Adolescents," *Adolescence*, 18, 413-416.
Whiting, J. et al., 1958, "The Function of Male Initiation Ceremonies at Puberty," Maccoby et al. (eds.), *Reading in Social Psychology*, Holt, Rinehart & Winston.

ワークシート ❷ 心のなかをのぞいてみよう

「大人」になることに対して以下のような意見があります。あなた自身はどのように思っていますか。「はい」または「いいえ」のどちらかに○をつけたあとに、それぞれに対して自分の考えを自由に書き込んでみましょう。

●WORK●1
いまの自分で社会のなかでうまくやっていけるか不安だ　〔はい　いいえ〕

●WORK●2
大人はたくさんのものに束縛されていると思う　〔はい　いいえ〕

●WORK●3
自分は将来どういう人生を送りたいかがはっきりしている　〔はい　いいえ〕

● **WORK ● 4**
社会のなかで仕事をきちんとやっていけるか不安だ　　〔はい　いいえ〕

● **WORK ● 5**
大人はずるい存在だ　　〔はい　いいえ〕

● **WORK ● 6**
大人になると自分の可能性が狭くなると思う　　〔はい　いいえ〕

● **WORK ● 7**
大人の生活は変化がなく退屈だ　　〔はい　いいえ〕

Message 先輩からのメッセージ①

名前：古市彩（ふるいち・あや）
勤務先：大手製造卸売企業
年齢：28歳，社会人6年目
学歴：2009年 関西の女子大学卒業

皆さん，はじめまして。古市彩と申します。関西の女子大学を卒業し，大手製造卸売企業に入社し今年で6年目です。実は，先日，「お母さん」になりまして，ただいま産休中です。

私は大阪本社でマーケティングと営業を経験し，4年目の秋に東京本社に転勤，以来，人事部で新卒採用を担当しています。以上の経験と立場から，これから社会人を迎える皆さんへのアドバイスとして，次の3点をお伝えしたいと思います。

1つ目。何か1つのことでいいので徹底的にやり遂げてほしい。「いろんなことを経験しました」と採用面接で語る学生が多いのですが，魅力を感じません。話をしていてグッとくるのは，背骨というか，自分の軸のある人です。私も大学時代，日常的に生活をしているうえで発生する問題解決には，「これくらいでいいかな」が通用してしまうことが多くありました。でも，卒論研究は違いました。ゼミのみんなからビシバシ突っ込みを入れられて，どんなに努力しても不安が消えないような状態と闘い続けました。自分の軸は，こんなふうに徹底的にやり遂げることでしか，生まれないのです。

2つ目。いま述べた自分の軸をフィルターにして，情報を濾過する力を磨いてほしい。たくさんの情報を集めようとする学生が多いのですが，それだけで終わっています。そうではなくて，集めた情報を自分の軸，たとえば「自分のキャリアを考えるうえで譲れないもの」というフィルターにかけて分析する力が肝心なのです。

3つ目。社会人になってからのキャリアは，大学卒業後に考えるのでも全然遅くない。たかが22年程度の人生経験で，その後のキャリアについてわかるわけがないのです。自分の軸をフィルターにして分析する力をつけておけば，いくらでも応用が利きます。新人研修後に，「あまり成長していないな」と感じる新入社員は，この力が足りません。自分の経験を振り返るとき，「いろいろな部署を経験できて勉強になった」「一生懸命に仕事を教えてくれて感謝しています」といったように，感情を表現して終わっています。「なぜ自分はこう感じたのか？」「なぜA部とB部では部下の育成方針が正反対なのか？」と分析的に問うことが不可欠だということを知らないし，知らないからできないのです。

以上申し上げた3点はすべて，一定水準の学力があることが大前提です。ですから皆さん，大学での勉強はとても大事です。知性を磨いてください。健闘を祈ります！

第3章
働くことを考える

私たちはなぜ働くのだろう，働くことにどんな意味を見いだしているのだろうか。また，自分にとって「適職」はあるのだろうか。この章では，働くことを軸にこれからの自分を考えてみよう。

1 働く理由と働くことの意味

働く理由

本書を手にしているあなたは大学生だろうか。卒業後、働こうと考えているのだろうか。また、働こうと思っているのならなぜ働こうと思っているのだろう。大学生の生活がこのままずっと続けばいいと思っていないだろうか。正直にいって筆者は大学生のとき、大学生としての生活がずっと続けばいいと思っていた。漠然と就職して働くというのは大変なことだと思っていたし、親に依存して生活が成り立っているものの、時間がたっぷりあって自分の好きなことができる大学生活が好きだった。だが、このように思っていた筆者も就職活動をし、卒業後は企業に就職して働き始めたのだった。皆さんの多くも卒業後は働くだろう。では、なぜ働こうと思うのだろうか。働く目的は何だろう。

内閣府が行っている「国民生活に関する世論調査」では働く目的や理想の仕事を聞いている。2013年6月実施調査の結果を見てみると、働く目的については、「お金を得るために働く」が48.9％、「生きがいをみつけるために働く」が20.9％、「社会の一員として、務めを果たすために働く」が16.1％、「自分の才能や能力を発揮するために働く」が8.9％だった。「お金を得るために働く」は男性の20代から50代、女性の20代から40代に多く、「生きがいをみつけるために働く」は男性女性ともに60代以上で高くなっている。家族をもち生活している世代では「お金を得るために働く」が、定年をむかえた世代では「生きがいをみつけるために働く」が高くなっている。20代だけをみてみると「お金を得るために働く」が57.9％、「生きがいをみつけるために働く」が13.7％、「社会の一員として、務めを果たすために働く」が16.5％、「自分の才能や能力を発揮するために働く」が11.1％と、生きがいや才能の発揮よりお金のためと思っている傾向が強い。「みんなお金のために働いているのか、それはやだなあ」と思った人がいるかもしれない。一方、20代が考える理想の仕事をみてみると「自分にとって楽しい仕事」が67.5％、「収入が安定している仕事」が63.8％、「自分の専門知識や才能がいかせる仕事」が46.4％であっ

た。お金を稼ぐことが働く目的ではあるが，その仕事が楽しければと思っているし，自分の専門知識や才能をいかしたいとも考えていることがわかる。

働くことの意味　2000 年に入ってから，働くことの意味について書かれた本が多く出版されるようになった。従来の日本的雇用システムが揺らぎ，長期雇用や年功賃金が見直され，成果主義が導入される状況のなかで，人びとが働くことの意味を問いなおしたのだろう。

たとえば，起業家講師の福島は「感動するために仕事をしたい」と述べ（福島 2011），企業の取締役を歴任してきた北尾は自分が「『働く』に求めてきたものはそこに生きがいをみつけること」という（北尾 2007）。一方で，小浜（2002）は「好きな道だから働く」や「人間は働くべきだ」ではない何かが私たちの「働きたい」という欲求や「働くべきだ」という道徳を支えているのではないかと述べ，「私たち人間が本質的に社会的な存在であるという事実そのもの」が働く意義を根拠づけているという。ここでいう，社会的な存在とは，自分が生みだす生産物やサービスは他の人のために向けられ，自分が働くためには他の人の生産物やサービスを必要とし，人間関係を形成する基本的な媒体になっていることをさしている。

一方で，働くことそのものの意味というより，働くことから生じる影響から論じる人もいる。飯田（2002）は『働くこと』そのものがもとから意味を持っているのではなく，『自分が働くことによって自分や自分以外のなんらかの対象に与えるさまざまな影響』が自分に対して『働くことの意味』をもたらしてくれるのです」と述べ，自分に与える影響として，①お金儲けができる，②自分の存在意義を示せる，③能力を高めて成長できる，④自尊心を満たすことができる，⑤社会参加の安心感を得ることができる，⑥使命感を発揮することができる，⑦人間関係を広げることができる，⑧さまざまな経験を積むことができるという。

杉本（2009）は「働くことは生きること」という。「働くことは生活そして人生のすべてでないにしても，その重要な部分をかたちづくる。そして，単に働くことが人生の多くの部分を占めるというだけでなく，働くことが多くの意味を引き出し，人生に多くの意味を付与する」と述べ，「働くことの意味自体

は生きる意味に重なる。働くこと同様に人間の生もそれ自体にあらかじめ意味が与えられているわけではない。生の意味は生きることを通して生み出されるもの，くみ出されるもの，そして，働くことは生きることの外にあるわけではなく，『働くことは生きること』」という。

　皆さんは，なぜ働くのかと聞かれたら何と答えるだろう。自分自身に問いかけてほしい。答えが見つからなくてもたまに思い出して働く意味を考えてほしい。

2　時代や状況で異なる働く意識

働くこと中心志向の弱まり

　皆さんが日本人の働き方として思い浮かべることは何だろう。「働きすぎ」「長時間労働」といったイメージだろうか。日本の男性が働くこと中心主義であるのは従来から指摘されていた。三隅・矢守が行った「働くことの意味に関する国際比較調査」では，日本，アメリカ，ドイツ，ベルギーにおける勤労価値観を国際比較し，日本人の働くこと中心性は他の国に比べて高いと指摘している（三隅・矢守 1993）。他国と比べて，仕事を「最も重要なことの一つ」と回答する割合（1982年で61％，1991年で52％），宝くじにあたっても仕事をやめたり，他の仕事に転職しないで同じ仕事をするという回答の割合（1982年66％，1991年59％）が高い。

　一方で，1980年代を境に日本人の働くこと中心性は変わってきているともいわれている。三隅・矢守（1993）は実施した2回の調査結果を比較し，他国と比べるとまだ日本人の働くこと中心性は高いものの下がってきていること，働くことを通しての精神的充実，働きがいを重視する「働きがい志向型」が増えていることを指摘している。さらに，今後の傾向として「働きがいは重視するが，しごとの中心性が極端に高いわけではない人々」が増えることを予想していた。

　NHK放送文化研究所が1973年から5年ごとに実施している「日本人の意識」という調査があるが，そのなかで，仕事志向なのか，余暇志向なのか，仕事・余暇志向なのかをたずねている（NHK放送文化研究所 2010）。1973年の調

査では，男性の傾向としてどの年齢層も「仕事志向」型の人が多く，とりわけ20代後半から50代前半の年齢層では6割前後の人が仕事志向であり，仕事・余暇志向は15％前後であった。2008年の調査では50代後半までの年齢層では仕事志向が減り，仕事・余暇志向が増加していた。女性では1973年の時点でも男性のような仕事優先の傾向は弱く，仕事志向と余暇志向が同じ程度であったが，2008年の調査では50代前半までのすべての年齢層で仕事・余暇志向となっている。

　では，実態としてはどうなのか。柴田（2012）は総務省が実施している「社会生活基本調査」を再分析し，男性では平日に11時間以上働く者の割合は，2001年の21.5％が2006年には24.2％，2011年には24.9％へとさらに増え，約4人に1人が11時間以上働いていること，これに「10～11時間未満」を加えると2011年は40.2％となり，2001年の35.1％から5％ほど上昇していると指摘する。

　意識のうえでは　仕事中心ではなく，仕事も余暇もという両立志向が強まっているが，実態は仕事中心の状況があるといえよう。

出世したいのか

では，出世したいという意識はどうであろうか。片桐は1992年から5年ごとに大学生に対して「ある程度の収入を得られるなら出世するより気楽な地位にいたいと思うか」について調査を行っている。年度によってやや上下しているが，男子学生も女子学生も6割から7割は出世するより気楽な地位にいたいと考えている（片桐2009）。

　一方で，新入社員に対してもさまざまな調査が行われているが，日本能率協会が2010年に実施した調査では「将来管理職になりたい」と回答した男性は63.6％，大卒・大学院卒の女性では50.5％であった。同じ対象に調査して経年の変化をみたわけではないので，参考程度ではあるが，大学生から社会人になると考え方は変わるようだ。社会人になると出世したいと考える割合が高まっている。さらに，産業能率大学が2012年に行った「会社生活調査」によると，男性新入社員の56.8％，女性新入社員の28.7％が管理職志向をもち，この割合は10年前のほぼ2倍であるという。調査を始めた2000年以降もっとも高い割合となっているという。長期雇用志向の高まりや「女性を積極的に登用す

る企業が増えた」ことなどが新入社員に管理職志向が高まった要因と分析がなされている。

3 若者の働く意識

どのような状況で働いているのか　2007年に実施した調査の結果から若者の働く意識を紹介したい。まず、彼らがどのような状況にいるかを知るために、雇用の安定や転職について述べたい。

就業形態をみてみると、初職で男性の19.0％、女性の28.6％が非正規雇用についている。現職をみてみると男性の12.7％、結婚していない女性の34.4％、結婚している女性の52.2％が非正規雇用で働いていた。非正規雇用で働く割合は女性のほうが男性より高い。さらに、初職と現職を比べると、男性は初職での非正規雇用の割合より、現職の非正規雇用の割合が低く、非正規雇用で働き始めてもその後正規雇用に移行することがわかる。一方で、女性は初職より現職の非正規雇用の割合が高く、働くなかでますます非正規雇用になっている。つまり、女性は一度非正規雇用になると正規雇用になれないが、男性は非正規雇用から正規雇用に転換できる可能性が女性よりある。さらに、女性は結婚すると非正規雇用になりやすい傾向がある。

雇用の安定や転職の経験について聞いたところ、「雇用が不安定（とてもそう思う＋まあそう思う）」との回答は25.3％、「離職・転職経験」については回答者の46.8％が経験していた。「雇用が不安定」との回答は男性既婚で29.1％、男性未婚25.6％、女性既婚26.5％、女性未婚21.2％であり、男性既婚で3割近くが「雇用が不安定」であると思っている。年収では年収の低いほうが、学歴別では概ね学歴の低いほうが「雇用が不安定」と回答している。離職・転職の経験をみてみると、男性既婚で49.5％、男性未婚45.5％、女性既婚76.5％、女性未婚55.2％であり、離職・転職の経験がかなり広がっていることがわかる。年収、学歴をみると年収が低いほうが、学歴の低いほうが離職・転職の経験があると回答している。年収の状況をみてみると、年収400万円以上は男性の43.3％、女性の20.4％（未婚女性で21.9％）と、男性のほうが女性より年

収が高い傾向があった。

　若年層の働く状況は厳しく，女性は男性より大変な状況で働いていることがわかる。

　　　若者の仕事意識　　　仕事意識として，「管理職をめざしたい」「専門的能力を身につけたい」ということを取り上げ，若者がどのように考えているかをみてみたい。「管理職をめざしたい（とてもそう思う＋まあそう思う）」と回答した者は，男性既婚で58.3％，男性未婚50.8％，女性既婚21.4％，女性未婚25.8％であった。男性で全体の半分程度，女性では4分の1しか管理職をめざしたいと考えていなかった。同様の質問を韓国，イタリア，カナダでも行ったが，日本がもっとも低い割合であった。「仕事の専門能力を高めたい（とてもそう思う＋まあそう思う）」についてみてみると，男性既婚で92.2％，男性未婚92.6％，女性既婚80.6％，女性未婚86.4％が高めたいと回答していた。大多数の人たちが仕事の専門的能力を高めたいと考えていることがわかる。年収をみると男性の既婚，女性の未婚は，年収の高いほうが，「仕事の専門能力を高めたい」と回答していた。

　次に，「管理職をめざしたい」「仕事の専門的能力を高めたい」という意識に何が影響を与えているかを統計的に検証した結果を紹介したい（説明変数は，婚姻状況，年齢，学歴，年収，就業形態，職業，離職・転職経験，雇用の安定度，就業継続希望，仕事満足度，仕事を探す苦労をした経験，社会的に成功することの重要度，ジェンダー意識，中学卒業時の家庭の経済状況，中学卒業時の母就労の有無であった）。

　男性，女性ともに「管理職をめざしたい」という意識にもっとも影響を与えているのは，「仕事の専門的能力を高めたい」という希望であった。次に影響を与えているのが「社会的成功志向」であった。また，男性では，年収の高いほうが，女性では，「いつ職を失うか不安である」と思っている人のほうが「管理職をめざしたい」と考えていた。つまり，男性はいま，年収が高い者がより得るものを多くするために，積極的な志向性で「管理職をめざしたい」と考えるが，女性の場合は，職を失う不安を解消するために，消極的な志向性で「管理職をめざしたい」と考えていた。職業をみてみると，男性，女性ともに専門・

技術・管理より販売・サービスのほうが管理職をめざしたいと考えていた。

次に「仕事の専門的能力を高めたい」という意識に影響を与えている要因をみてみると，大きな影響を与えていたのは「管理職をめざしたい」という希望であった。「管理職をめざしたい」と思う人ほど「仕事の専門的能力を高めたい」と考えている。男性をみてみると，正規雇用の者より，非正規雇用および自営その他のほうが仕事の専門的能力を高めたいと思い，休職・退職を希望する人のほうが，現在の仕事を継続しようと思う人より仕事の専門的能力を高めたいと思わない傾向があった。女性の傾向をみてみると，女性では年収の低い人ほど「仕事の専門的能力を高めたい」と考え，社会的成功志向の強い人ほど仕事の専門的能力を高めたいと思わない傾向があった。

つまり，第1に，若者に管理職をめざしたいという志向性があまり高くないのは，管理的仕事から社内専門職への志向性が高まったのではなく，管理職をめざす志向性と仕事の専門性を高める志向性は強く結びついていた。管理職をめざす志向性をもつ人は仕事の専門性を高めたいと考え，仕事の専門性を高めたいと思っている人は管理職をめざすという志向性をもっていた。

第2に，未婚女性の場合は，いつ職を失うか不安という気持ちが管理職への志向性を強め，一方で未婚の男性は年収が高いほうが管理職への志向性を強めていた。未婚女性はいまの状況を守るために，未婚男性はよりいっそう得られるものを大きくするためにという異なった状況におかれていた。人びとの意識は社会でその人のおかれている状況に影響を受けていることがわかる。

4 「適職」「やりたいこと志向」を考え直そう

職業は人と社会をつなぐもの

前節まで働くことについて考えてきたが，次に職業について考えてみたい。私たちは働くとき，ある職業に就いて働く。「就職」とは職に就くと書く。梅澤（2008）は，職業は人と社会をつなぐものであり，職業の意義として，「個人的意義（自分の可能性の発揮等）」「社会的意義（製品や技術を開発する等）」「社会・個人としての意義（一人前の社会人として世の中から認められる等）」があるという。また，個人が職業

を通して得られるものとして「金銭的報酬，人間としての成長，成し遂げる喜び，知識，人脈，信用」などをあげている。非経済的報酬も大きいことがわかる。

そして，職業の機能として，梅澤は次の5つをあげている。①職業とは個々人がやっている仕事を社会的にくくった分類項目である，②職業とは人が社会のどこに位置し，どのような社会的・経済的分野に属しているかを明らかにする，人に与えられた社会的存在証明のようなもの，③職業は仕事の仕方を通して人に付与される社会的存在証明である，④職業は社会的に位置づけられ，社会的分業体系に組み込まれた仕事である，⑤職業には仕事に関する社会的・経済的な格付けという面がある，という。私たちは職業をもつことによって社会とつながり，社会のなかに居場所を得ることができるのである。

「自分にあった職業」「やりたい仕事」探しの危険性

自分にあった職業があると皆さんは考えているのだろうか。自分の適職は何だろうかと探していないだろうか。近年「適職」という考えが強まっている。「自分にあう職業のみつけ方」や「自己分析で自分にあった職業をみつけよう」というような言葉をよく耳にする。「適職」診断も盛んだ。「自己理解」をして，適性診断を行い，自分に適した職業を探す，ということが行われている。自分自身を知ることは大切なことだろう。しかし，梅澤（2008）は，自己理解をして職業を考えることにとらわれず，社会が要請する職業について考えることの重要性を強調している。私たちは自分との対話を重ね，自分の適性や能力，価値観と照らし合わせながらあの職業に就こう，この職業がいいと判断する，つまり自分の思いを尺度にして職業を選ぼうと考え，職業は人が選ぶものと思っているが，職業が人を選んでいるという側面があると指摘する。

養老は「自分にあった仕事など幻想である」という（養老 2009）。「若い人たちの職業観で，気になることがある。ある調査では自分にあった仕事をしたい，と多くの若者は考えているらしい。僕に言わせればそれは大きな勘違いである。（中略）仕事というのは社会のニーズだ。おまえさん向きの仕事を誰かが用意してくれるわけじゃない，そんなものはいくら探したって見つからないよと言いたい」と述べている。また，戸田（2007）は「自分のやりたいことに，こだわりすぎない」ことが重要だと指摘し，「社会のニーズがあるかないか，

自分が必要とされているかどうかを脇において自分のやりたいこと，やりたくないことにこだわってもしようがない」という。

さらに，梅澤（2008）は「やりたいこと」志向は 1980 年から高まっているが，その一方で人びとの「仕事のやりがい」感は低下しており，「やりたい」と「やりがい」は直結しない，「やりたい」を求めても「やりがい」が得られるかはわからないと指摘している。

自分にあった職業を考えることは自己理解につながる面もあるだろうが，自分本位の発想になりがちであり，自分のなかだけで考えてもうまくいかない。梅澤がいうように職業が人を選ぶ側面もあり，養老が指摘するように社会のニーズがあるところに自分がやれることがある。自分にあった仕事，やりたい仕事とばかり考えないで，社会のなかで自分がどう貢献できるのか，自分が必要とされるところはどこなのかという視点から職業を考えることは非常に重要である。

なぜその職業に就きたいのか：社会化の影響

社会学の考え方に「社会化」という概念がある。「社会化」とは個人が他者との相互行為を通してさまざまな資質を獲得し，その社会や集団に適合的な行動のパターンを発達させる過程のことをいう。私たちは子どもの頃は親やきょうだいとの関係を通して，幼稚園，保育園あるいは学校に入学したら，友人や教員との関係のなかで，働き始めれば職場で同僚や先輩・上司，取引先との関わりのなかで，どんな考えや行動がよいとみなされるのか，悪いとみなされるのかを学ぶ。そして，属している社会や集団のなかで適合的な行動パターンを獲得していく。たとえば，日本の子どもは学校で教員の話をきちんと聞くことがよいとされてきたが，他の国では教員の話を静かに聞くより，自分が発言することに価値が置かれている場合もある。その結果，日本の子どもはみずから発言するより教員の話を聞くように，みずから発言することが重視される社会では教員の話を聞くより，みずから発言する行動をとるようになる。

ところで，大学に着ていく服装は本当に自分が好きな洋服を着ていっているだろうか。洋服を買うとき，友人がどう思うかを思い浮かべて買ったりしないだろうか。また，大学生になったばかりの頃，○○大学の学生としてどんな服

装がいいのか，と考えたりはしなかったろうか。社会のなかで，私たちは何らかの集団に属しているが，その集団により属していたいと思えば，その集団により適合的な行動パターンを考え，より身につけたいと考えることがある。○○大学の学生として「浮かない存在でいたい」という気持ちが，自分の服装を選ぶ基準になったりするのである。

皆さんは，小学生のなりたい職業のトップ5を知っているだろうか（第一生命 2013）。男子では1位サッカー選手，2位警察官・刑事，3位学者・博士，4位野球選手，5位テレビ・アニメ系キャラクター，女子では1位食べ物屋さん，2位看護師，3位保育園・幼稚園の先生，4位お医者さん，5位お花屋さんである。この内容をみるとジェンダーに影響されていることがわかるし，どう答えれば周りから浮かないかと思っているのが垣間みられるのではないか。皆さんにも将来こうしたい，ああしたいという希望があるだろう。その希望がどこからきたのか，いま一度考えてほしい。周りから浮かないから，親が喜ぶから，皆のなかで評価が高いから，ではないだろうか。自分の属している集団の価値観をそのまま自分の価値観だと思ってしまっていないだろうか。社会化の影響を知ることでより自分を知ることができるし，社会のなかの自分を知ることもできるといえよう。

5 人生を通したキャリア形成

キャリアの意味

最近「キャリア」という言葉をよく耳にすると思う。一般的に「キャリア」とは個人が職業上たどっていく経歴のこと，「キャリア形成」とは仕事の経験を積み重ねて自分の職業能力を育てることである。D. ホールは，「キャリア」は，①昇進，②専門職，③生涯を通じた職務の連続，④生涯を通じた役割に関する経験の連続，として用いられているという（Hall 2002）。近年，④生涯を通じた役割に関する経験の連続という意味で使われることが多くなり，職業だけでなく社会活動を含めてキャリアと考えるようになっている。そして，キャリア形成といった場合，職業キャリアと社会活動キャリアを含めて考えられるようになっており，職業

キャリアと社会活動キャリアの両方から人生を通したキャリア形成を考える必要がある。

「人生を通したキャリア形成」と聞いて，どのような印象をもつだろう。一生，バリバリ働くことを意味すると思った人はいないだろうか。このような意味ではない。「人生を通したキャリア形成」とは，職業キャリアと社会活動キャリアの両方のキャリアを形成しながら，生涯にわたって自分自身を成長させていくという意味である。また，職業キャリアと社会活動キャリアはお互いに影響し合い，職業キャリアは社会活動キャリアに，社会活動キャリアは職業キャリアに影響を与えている。たとえば，大学時代にボランティア活動を行っていたとしたら，ボランティア活動を通して得た社会を見る視点や価値観は職業選択や職業生活に影響を与えるだろうし，職業活動から得た組織のなかでどう動くか，自分の考えをどう通していくかという意識は，再び自分の社会活動（ボランティアをはじめ，たとえば，PTA活動，生協活動，町内会など）のあり方に影響を与えることになる。また，社会活動で得たことは再び職業生活に影響を与える。このように職業キャリアと社会活動キャリアは連鎖のようになっている。職業活動と社会活動から得たことを自分のなかで紡いでいくことが大切であり，紡いでできたものが「人生を通したキャリア形成」となっていくのである。

> 切り拓く力：自分の行きたい方向に自分をもっていく力をつける

働き方，社会活動と生き方につながりをつけ，自分の人生のなかでどう働き，どう社会活動をしていくかを考え計画し実行するのがキャリアデザインである。この章では人びとの働く意識や職業の意義などを紹介してきたが，それらをふまえ，自分自身の働き方，社会活動と生き方を考えてみよう。そして，自分のキャリアデザインを考えるには，自分を知る必要があるし，社会を知る必要がある。自分はどのような性格なのか，どのような志向性や価値観をもち，いままでどのような経験をし，何を求めているのか。小学校時代，中学校時代，高校時代，大学に入学してからの自分の好きだったこと，嫌いだったこと，一生懸命にやっていたこと，とくに覚えている出来事などを書き出してみよう。つまり自分自身のいままでを振りかえる，棚卸である。

自分を知ったら，次は社会を知ることである。皆さんが生きている社会はど

のような社会なのか。どのような仕組みでどのような構造になっているのか。何がよいとされ，何が悪いと考えられているのか。どのような事柄に価値があるとみなされているのか。社会の仕組みや構造を知ることで，自分の行きたい方向に自分をもっていく戦略を立てることができる。社会のもつ価値観を把握することで，自分の考えや行動が社会のなかでどうみなされるかが予測できるし，自分の心の準備ができるというものである。

　自分が将来どうしたいのか書いてみよう。1年後，3年後，5年後，10年後のこうありたい自分の姿を思い浮かべてみよう。そして，具体的にどうすれば自分の行きたい方向にいけるのか考えてみよう。自分の行きたい方向にいくための資源は何があるのか，障害になっていることは何か，を書いてみよう。

　筆者は自分の行きたい方向に自分をもっていける力を「切り拓く力」と呼んでいる。私たちは行きたい方向に最初から進めるわけではないだろう。しかし，行きたい方向に進むことを妨げていること，行きたい方向に進むことを助けてくれることを見極め，どうやったら行きたい方向にいけるのかを考える。達成までは複数年かかるかもしれない。途中で修正が必要になるかもしれない。それはそれでいいと思う。私たちは思っているより社会の影響を受ける存在である。自分だけの力でやりたいことができるわけではない。重要なのは，自分の存在が社会の構造や周りの状況から影響を受けることを知りつつ，資源と障害を把握し，自分の行きたい方向に自分をもっていけるよう考えることであるし，そのための計画を自分のなかに立て，実行していくことである。

　大学生活は楽しいと思う。しかし，みずからの目標と希望をもって人生を切り拓いていくならば，あなたの人生におけるもっとも楽しいとき，もっとも素晴らしい経験は過去や現在ではなく，未来にあるだろう。大学時代はそれらを得るための準備期間ともいえよう。どうか自分の切り拓く力を育ててほしい。切り拓く力をもてば，私たちはいつでもどこからでもなりたい自分にむかって歩みだすことができるし，なりたい自分になることができるのである。

大槻　奈巳

参考文献

飯田史彦，2002，『働くことの意味がわかる本』PHP 研究所。
梅澤正，2008，『職業とは何か』講談社。
NHK 放送文化研究所，2010，『現代日本人の意識構造（第 7 版）』日本放送出版協会。
大槻奈巳，2011，「雇用不安定化におけるジェンダー格差——男性，女性それぞれの困難」労務理論学会編『労務理論学会学会誌』第 19 号，晃洋書房，43-58。
片桐新自，2009，『不安定社会の中の若者たち——大学生調査から見るこの 20 年』世界思想社。
北尾吉孝，2007，『何のために働くのか』致知出版社。
小浜逸郎，2002，『人はなぜ働かなくてはならないのか』洋泉社。
産業能率大学，「2013 年度　新入社員の会社生活調査」http://www.sanno.ac.jp/research/pdf/fresh2013.pdf（2013 年 12 月 1 日取得）
柴田英樹，2012，「働く人の生活時間の現状と長時間労働への対応」『立法と調査』335，65-75。
杉本芳美，2009，「人間にとって労働とは——『働くことは生きること』」橘木俊詔編『働くことの意味』ミネルヴァ書房，30-56。
第一生命，「『大人になったらなりたいもの』全国の子ども 1,100 人の声」http://www.dai-ichi-life.co.jp/company/news/pdf/2013_027.pdf（2013 年 12 月 1 日取得）
戸田智弘，2007，『働く理由 99 の名言に学ぶシゴト論』ディスカヴァー・トゥエンティワン。
日本能率協会「2010 年度　新入社員『会社や社会に対する意識調査』結果」http://www.jma.or.jp/news_cms/upload/release/release20100419_f00091.pdf（2013 年 12 月 1 日取得）
福島正伸，2011，『キミが働く理由』中経出版。
三隅二不二・矢守克也，1993，「日本人の勤労価値観——『第 2 回働くことの意味に関する国際比較調査』から」『組織科学』白桃書房，83-96。
養老孟司，2012，『養老孟司の旅する脳』小学館。
Hall, D., 2002, *Careers in and Out of Organizations*, Sage Publication Inc.

ワークシート ❸ やりたいことの実現にむかって考えてみよう

あなたは働くときに何を重視したいと考えているのか，また，やりたいことの実現には何が必要なのかを考えてみよう。

●WORK●1　● 働くときに重視したいことを書いてみよう

働くとき（もしくは就職するとき）に重視したいことは何ですか。
（たとえば，やりがい／お金／ステイタス／権力／時間／好きなこと・嫌いなことなど……）

●WORK●2　●　これからの自分を考えてみよう

これからやりたいことは……

やりたいことを実現する障害になっていることは……

やりたいことを実現する資源になることは……

やりたいことの実現に必要なことは……

第 4 章
変化のなかの若者と意識

design

　自分のキャリアや働くことについて，若者はこれまでどのように考えてきたのだろうか。そして現在どのように考えているのだろうか。この章では，それらを具体的なデータから検討し，各自が自分のキャリアを考えるにあたってのヒントを探る。

1 はじめに──若者がキャリアを考える

　自分のキャリアを考えるといっても，いざ考え始めて，すぐにめざす道がはっきりと見えてくるとは限らない。むしろ，漠然としたイメージしか思い浮かばない人も少なくないだろう。明確な目標に向けて努力している友人の姿に，刺激を受けたり，あせりを感じたりする人もいるかもしれない。逆に，いまからそんなに将来のことをはっきり決めても，あとで気持ちが変わることはないのだろうかと思う人もいるかもしれない。あるいは，先のことなんてまだわからないことがたくさんあるのに，どうやってキャリアを考えればいいのだろう，と当惑している人もいるかもしれない。

　この章では，自分のキャリアや働くことをめぐって，若者がどのように考えてきたか・考えているかについて，具体的なデータをもとに考察する。そこから，実際に個々の若者が自分のキャリアを考えるにあたっての，何らかのヒントが得られればと考えている。

　いうまでもなく，キャリアをどう考えるかについて，完璧な「正解」があるわけではない。ある人にとっての「正解」が，別の人にとってもそうであるとは限らない。しかし，他の若者たちがどう考えてきたか・どう考えているかを知ることは，それが「正解」であるかどうかによらず，いまの自分自身を違う視点から見直すきっかけになる可能性がある。自分1人だけで漠然と考えるだけでは得にくい，何らかの着眼につながれば幸いである。

2 若者の意識の変遷──調査データから

新入社員の「働くことの意識」調査

　まず手がかりとして，ある調査の結果を紹介することにしよう。それは，公益財団法人日本生産性本部が実施している「新入社員の『働くことの意識』調査」である。これは，中堅企業の新入社員（大卒中心，男女比6：4程度）を対象に，1969年度から毎年4

月に実施されている。つまり，入社したばかりの新入社員の意識を40年以上にわたり毎年調査したもので，働くことやキャリアについての若者の意識の推移を知るうえで，有力な手がかりとなるデータの1つである。ここでは，この調査でたずねているいくつかの質問に対する結果を順に取り上げ，その結果がどのように変わってきたかをみていくことにしよう。なお，調査結果についての解釈に関しては，部分的に岩間（2013）を参照している。

| 会社に入ったら，仕事と私生活のどちらを中心に考えるか |

最初に，「会社に入ったら，仕事と私生活のどちらを中心に考えるか」という質問を取り上げよう（図4-1）。1969年の調査開始以降，「仕事」と答えた割合（「仕事中心」）と「私生活」と答えた割合（「生活中心」）は，概ね後者のほうが高い状態が続いていた。その差がもっとも開き，「生活中心」の割合がもっとも高くなったのは，1980年代後半から1990年代はじめにかけての，いわゆるバブル期であった。しかしやがてバブル期が終わり，それに続く平成不況と呼ばれる時期にかかると，「生活中心」の割合は低下していき，「仕事中心」と

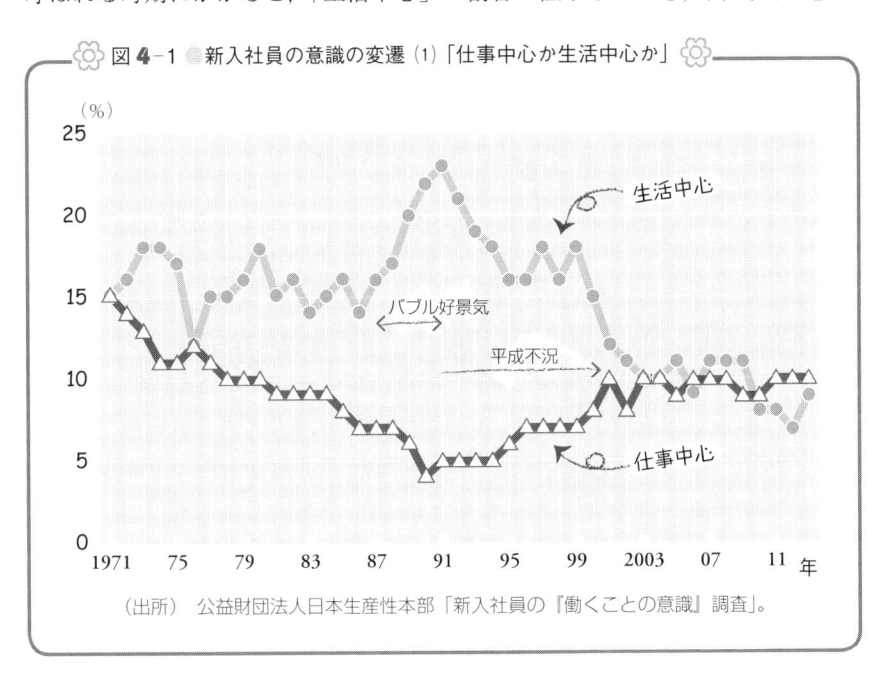

図4-1 ●新入社員の意識の変遷(1)「仕事中心か生活中心か」

（出所）公益財団法人日本生産性本部「新入社員の『働くことの意識』調査」。

同水準になるにいたる。そして直近数年では,「仕事中心」の割合のほうが若干上回るほどになっている。

ただし, では実際に近年の若者が「仕事中心」を望むようになったとまでいえるのだろうか。グラフをよく見ると,「仕事中心」の割合自体は概ねここ10年は10%前後を横ばいで推移しており, 近年とくにその値が高まったわけではないことがわかる。むしろここからわかるのは,「生活中心」と「仕事中心」の両方の割合が低いものにとどまり続けているということである。いいかえれば, 仕事であれ生活であれどちらか一方を中心とするという選択肢を選ぶ人の割合が, 少数派になったということである。

会社を選ぶとき, どういう要因をもっとも重視したか

次にみるのは,「会社を選ぶとき, あなたはどういう要因をもっとも重視しましたか」という質問への回答の推移である。この質問は14の選択肢から選ぶものであるが, つねに上位を占める4つの推移を示したのが図4-2である。

これをみると, 調査開始時にもっとも多かったのは,「会社の将来を考えて」という回答であった。しかしその割合は年々低下し, ここ10年はその割合は1割以下にとどまっている。これが多くの人に選ばれていた時期には, 会社の将来の発展可能性は, そのまま自分自身の将来の発展や収入の上昇, 幸福につながるとみることができたのだろう。その割合が低下していったということは, 会社の将来性と自分の将来や幸福が切り離され, 別のものとみなされるようになったことを示しているといえる。

これに対して, オイルショック期にもっとも大きい割合を占めるようになり, その後も一貫して伸び続け, 近年では抜きん出て高い割合になっているのが,「自分の能力・個性が生かせるから」である。つまり, 会社を選ぶ理由として, 会社よりも「自分自身」にフォーカスしたものが選ばれるようになったということであり, これは上に述べた, 会社の将来性や発展が自分とは分離したものとみなされていったことを別の形で示すものであろう。

また, 20年ほど前から伸びてきて, ここ10年ほどずっと2番めに多い割合を占めているのは,「仕事がおもしろいから」である。これもまた, 会社そのものに関わる点という以上に, 自分自身にとっての意味やおもしろさが重視さ

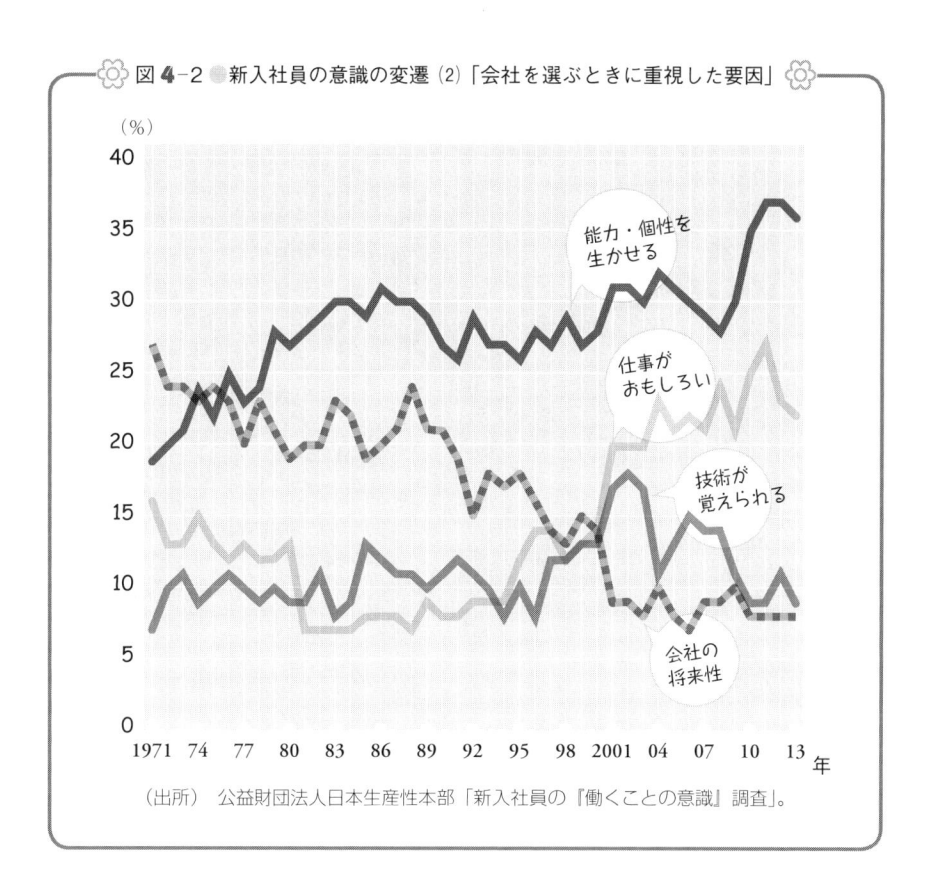

図4-2 ●新入社員の意識の変遷 (2)「会社を選ぶときに重視した要因」

（％）縦軸／年 横軸（1971〜2013）

グラフ中ラベル：
- 能力・個性を生かせる
- 仕事がおもしろい
- 技術が覚えられる
- 会社の将来性

（出所）公益財団法人日本生産性本部「新入社員の『働くことの意識』調査」。

れていることを示すものである。

働く目的は何か　最後に，「あなたが働く目的は何か」という質問への回答の推移をみてみよう（図4-3）。

かつては，「自分の能力を試す生き方をしたい」という回答が上位にいたが，年々下がってきて，いまではその割合も2割を切るほどになっている。これに対し，「楽しい生活をしたい」という回答の割合は，バブル期に一気にトップに出て，一時やや下がったものの，ここ10年は伸び続けて，いまでは抜きん出た1位となっている。「経済的に豊かな生活を送りたい」という回答の割合は，年々増えていったものの，バブル期を境に伸び止まり，近年は横ばい状態である。新しく伸びてきているのは，「社会のために役に立ちたい」で，5％前

57

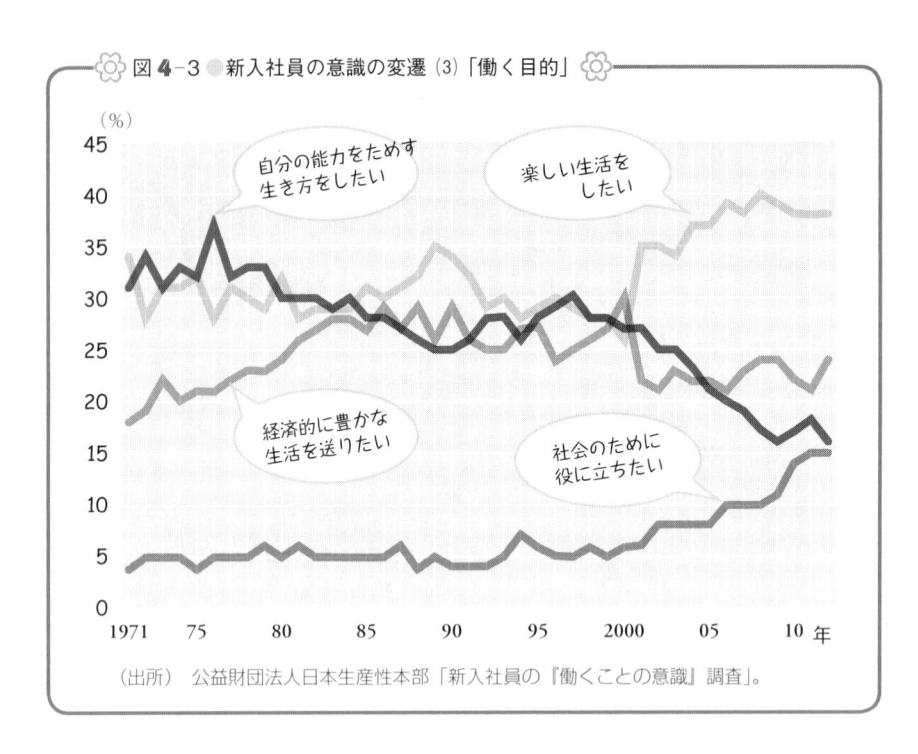

図4-3 ●新入社員の意識の変遷 (3)「働く目的」

自分の能力をためす生き方をしたい
楽しい生活をしたい
経済的に豊かな生活を送りたい
社会のために役に立ちたい

(出所) 公益財団法人日本生産性本部「新入社員の『働くことの意識』調査」。

後の横ばい状態を長く続けていたのが，ここ10年で着実に伸びていき，いまでは15％近くにまで達している。

　ここからうかがえるのは，働くことにおいて自分自身にとっての楽しさや充実感を重視する傾向の強まりである。「楽しい生活」はまさにそうであるが，「社会のために役に立ちたい」も同様の傾向を示すものと思われる。これは一見すると自分よりも社会を優先するように見えるが，少なくとも近年は，社会を優先して自分をゼロにするのではなく，自分のやること（仕事）が自分以外の人たちに広く意味をもつことに充実感を見いだしていることの表れではないだろうか。

　「自分の能力をためす生き方」は，すでに自分がもっている価値を何らかのチャレンジを通じて客観的に確かめるという含意があり，「経済的に豊かな生活」も，やはり客観的な豊かさを志向するものであろう。これに対し，「楽しい生活」や「社会のために役に立ちたい」は，自分にとっての充実感や納得感を重視している。この2つがともに伸びていることは，「社会のため」と「自

分のため」が矛盾しないと考えられるようになってきたことを示しているのかもしれない。

「自分と会社の一致」から「自分と仕事の一致」へ

以上にみた，新入社員の意識調査の結果の推移から浮かび上がってくるのは，会社と自分との関係の変化である。かつては，自分自身の将来と会社の将来は重なるものとしてみられていたといえよう。しかし近年では，会社との関係以上に，自分自身にとってのおもしろさや楽しさ，自分の営みの意味の広がりこそが重視されており，自分と会社は一定の距離をもつものとしてみられるようになってきている。そして，働くことをめぐる意識のフォーカスは，帰属先である会社から，仕事そのものがもつ自分自身にとっての意味にシフトしてきている。そのなかで，自分の能力・個性をいかせる，おもしろい仕事が志向されるようになっているが，能力や個性がいかせるという点も，おもしろいという点も，いわば自分自身によりフィットする（「ハマる」／「ハマれる」）仕事への志向を示しているといえるだろう。つまり，かつては「自分と会社の一致」が志向されていた（あるいは，自明視されていた）のに対して，「自分と仕事の一致」が志向されるようになってきたのではないだろうか。

　なお，以上のような新入社員の（あるいは，若者の）意識の変化を，過度に本質的なものとみることには慎重になる必要があるだろう。なぜなら，以上の意識の推移は，オイルショック・バブル経済とその終焉・平成不況など，それぞれの時期に若者たちが置かれた社会的・経済的な状況の変化に呼応する形で起こったものといえるからである。若者の意識の変化が先行しているというよりは，若者が置かれた状況の変化に応じて意識も変化してきたのである。若者の意識の変化というと，若い世代にいままでとまったく異なる価値観が出現したと受け止められることが多いが，むしろ若者以外の人びとも含む形で社会的・経済的な状況の変化が起こったことこそが大きく，意識の変化はその帰結の1つであると考えられる。

3 「自分と仕事の一致」への思い──大学生の声から

建前と本音？

　以上で検討してきた調査結果は，新入社員の意識を調べたものであった。では，まだ就職する前の大学生には，この調査の質問と結果はどのように受け止められるのだろうか。筆者は，いくつかの大学で担当した講義で，学生たちにこの調査結果を紹介し，どう考えるかをたずねたことがある。新入社員とは異なる形で若者の意識がうかがえる例として，ここでは大学生たちの言葉を取り上げることにしたい。なお大学生たちの言葉は，読みやすさなどを考慮し，内容や趣旨に大きく影響を与えない範囲で適宜修正・編集を加えている。

　大学生たちの反応で注目されたのは，質問に対して自分の考えをストレートに答えるのではなく，想像力を働かせたり，状況を考慮したりして答えようとする学生がいたことである。それがとくにみられたのは，仕事と生活について，どちらを中心に考えるかという質問であった。

　たとえばある学生は，この質問に対して，建前と本音を区別するかのようにこう述べている。「『仕事か生活か』については，本当は生活をとりたいけど，この時代ではそんな甘いことは言っていられないので，やはり仕事と答えると思う」(3年)。実際の気持ちがどうであれ，競争の厳しいなかでは仕事を中心にせざるをえないというわけである。また別の学生（女性）は，女性であることの不利が仮にあった場合でも，仕事中心のスタイルをとることによってそれを打破したいという。「たとえ就活で女性であることが不利だったとしても，会社に入ったら関係なくバリバリ働けるんだ，ということを仕事ぶりを通じて見せたい。もちろん働きすぎで体を壊してはいけないと思うが，生活を犠牲にしてもよい，と思えるほど仕事に熱心でありたい」(3年)。

　どちらの言葉も，本当に生活よりも仕事が中心と考えているというよりも，仕事が中心であると答える（態度で示す）こと自体に意味があるとしている点で共通している。そうであるからこそ，もし選べるのならば，積極的な意味が見いだせる仕事に就くことが望まれることになる。「私にとって，生活のため

に仕方なくする仕事，となるとそれは苦痛以外の何ものでもありません。私は仕事とプライベートを完全に切り離す形ではなく，仕事を生活だと思えるようになりたいと思っています」(3年)。

とはいえ，実際にそう思えるほどの仕事に就けるとは限らない。だから，次の学生の言葉のように，仕事の具体的な内容によって答えが変わることになる。「能力や個性をいかせる仕事ならば，人並み以上にバリバリ働きたいし，仕事中心の生活でも構わない。しかし，そういう仕事でなければ，人並み程度に仕事をこなし，生活が中心だと答える。やはりどうせ仕事をするのなら，自分の特技や長所をいかせる仕事をしたいし，さらに可能ならば，自分の好きなことを仕事にしたいからだ。それができないとなると，働きはするけれど，そこまで気合を入れなくてもいいか，という考え方になる」(3年)。

こうした大学生たちの言葉からは，仕事の内容や条件など，具体的な仕事の諸側面を考慮に入れなければ，そもそも「仕事中心／生活中心」の答えを出すことはできない，という感覚があることがうかがえる。「自分と仕事の一致」が重視されているからこそ，実際に一致している場合と，一致がそもそも望めない場合で，答えも変わってくるのである。

「自分と仕事の一致」と2つの方向性　そのため，「自分と仕事の一致」にどこまでこだわるかによって，2つの方向性が生まれてくる。

たとえば，多少条件が劣ったとしても，より「自分と仕事」が一致した，自分自身が熱意をもって取り組める仕事に就きたいという思いを述べる学生は少なくない。「お金持ちの人を見てうらやましい，と思うよりも自分の好きなこと，やりたいことを仕事としてやっている人に私はあこがれていて，将来自分もそのようになれればと思っている」(2年)。さらに，「やりたいこと」が具体的にあるのなら，それをめざしたいというストレートな思いを語る例もみられる。「やりたいことをやるだけって訳にはいかないよ。安定だよやっぱり」という友達の言葉を聞くと，いつもクエスチョンマークが頭に浮かびます。いま，やりたいことが見つからないなら別ですが，でも，もしやりたいことがあるなら，なぜやらないの？　と思います。本当にやりたいなら，親に土下座してでも，歯をくいしばってでも，やればいいじゃないと思います」(2年)。

その一方で，就職状況の厳しさをメディアなどで耳にし，将来の不透明さを感じるなかでは，仕事の内容に多少不満はあっても，まず内定を得ることを重視・優先しようとする気持ちも出てくるだろう。「いまは就活が難しく，各々のやりたいことはあっても，就活のなかでそのことを主張しにくい状況にあり，それよりもとにかく受かればいいという考えが大きいような気がします」（3年）。加えて，仕事と一致させる「自分」について，そもそもまだ十分な確信がもてないという声も多い。「私も，自分の興味あることを仕事にしたいと思うが，心のどこかでは，いろいろな企業を受けてどこか受かったところに就職することになるのだろうな，と思ってしまう部分もある。このように考える人は，私も含めて自分のやりたいことが漠然としているのかもしれない。自分の将来の夢がはっきりしないから，いま何を頑張ればいいのかわからず，ただ，"就職に有利なように"と物事を考えてしまう」（2年）。

　おそらく多くの若者にとって，この2つの方向性は，片方だけではなく両方に対して共感できる部分があると感じられるのではないだろうか。「自分と仕事の一致」を実現させたい気持ちはあるけれども，実際に就くことができそうな仕事を探していくしかない現実的な事情も理解できる。あるいは，そもそも「自分」がまだ十分に明確ではないため，自分なりの確信や納得をまだ得られない落ち着かなさもある。「自分と仕事の一致」が志向されるなかで，「やりたいこと」はしばしばみずからのキャリアを考える際のキーワードとなるが，「やりたいこと」への態度も単純なものにはならない。自分の「やりたいこと」が何かを具体的に探ること，「やりたいこと」を実現する方法を探ること，「やりたいこと」といま自分が置かれている状況との間を調停していくこと――こうした複数の課題を同時に考えることが求められることになる。

　このように，「自分と仕事の一致」への志向を抱きつつも，それだけではなくさまざまな要素を同時に考慮して進んでいく必要があることも実感しているというのが，みずからのキャリアを考えることや就職活動に直面している多くの若者の実状なのではないだろうか。

4 複数のフィールドをもつこと

1つのことに専念するというあり方

前節の大学生たちの言葉からわかるのは、新入社員に対する調査の質問項目の選択肢のようには、明確に線引きできない思いの存在である。もしかしたら、調査に実際に回答してきた新入社員たちの多くも、とくに近年では同様の思いを抱きながら回答したのかもしれない。そのことを、若者の意識の側の問題とみる立場もあるだろうが、ここではそうではない視点から考えたい。

そもそも「仕事中心か，生活中心か」という問いについて改めて考えるならば、その問い自体が、「人は仕事と生活のどちらか一方を中心とした生活を送るもの」という前提の存在をうかがわせる。そしてその前提には、終身雇用制のもとでずっと同じ会社で働くという形を背景に、「1つのことに専念し、専業となること」が働き方・生き方の基本であるという含意があるのではないだろうか。この前提があるために、若者たちの答えにくさが生まれていたのではないだろうか。

終身雇用の保障と同時に長時間勤務を求められるという形の働き方は、1つのことに専念して専業になることが基本とみなされていたからこそのものである。「自分と会社の一致」は、そのことと一体であった。またその裏側として、男性がこういう働き方をするから、女性は家庭に関して専業化すること、つまり専業主婦になることが求められることになる。その意味では、終身雇用制とは、男性と女性のそれぞれが別の形の専業を課されるあり方であったといえる。

無論、現在ではかつてに比べて「自分と会社の一致」の自明視が薄らぎつつあるのも事実である。だが代わって「自分と仕事の一致」が志向されるようになったとしても、やはり1つのことに専業化する動きが続く可能性もある。すでに引用した、「仕事を生活だと思えるようになりたい」「能力や個性を生かせる仕事ならば、仕事中心の生活でも構わない」といった言葉はその可能性をうかがわせるし、またそもそも専業になれるほどのものを仕事にしなければならないと考えてしまうからこそ、「やりたいこと」や「自分と仕事の一致」を志向するようになっている可能性もあるだろう。その意味で、「1つのことに専

念し，専業となること」を基本とみなす見方は，いまなお無視できない存在感をもっている。

とはいえ，専業化というあり方も少しずつ相対化されつつある。実は，「仕事中心か，生活中心か」という質問への回答で，調査開始当初から7割前後と高い割合を占め，ここ10年ではさらに高まり8割以上を占めている選択肢がある。それは，「仕事と生活の両立」である。多くの若者が望んでいるのは，仕事と生活のどちらかを中心にすることではない。1つのことに専念し，専業になることではなく，仕事も生活も両立することこそが望まれているのである。

複数のフィールドを生きること

筆者の考えは，「仕事と生活の両立」という言葉にも表れているように，本来誰もが「複数のフィールド」を生きているのではないか，というものである。ここで「フィールド」とは，「活動する場」といった意味である。

たとえどんなに「会社人間」であっても，会社に行って仕事をするだけで人生を終えるわけではないし，専業主婦もそれだけで人生を終えるわけではない。本来，仕事のほかに家庭生活があるだろうし，育児や介護，あるいは趣味やボランティア，さらには町内会やマンションの自治会やPTAなどの役職もあるだろう。副業をしている人もいるかもしれないし，学校に戻って勉強する人もいるかもしれない。人はそもそも複数のフィールドに同時並行的に関わりながら生きているのであって，1つのことに専念するというモデルは，かなり限定的なとらえ方であるといえる。

ここまで見てきた若者の意識や言葉を見る限り，1つのことに専念するというモデルは，「仕事と生活の両立」を志向する多くの若者たちにとって，今後もずっと現実的なあり方であり続けるとは考えにくい。むしろこれからは，1人ひとりが複数の場に関わることを尊重するようなモデルこそが求められるようになっていくのではないだろうか。1つのフィールドだけが特権的に扱われるのではなく，生活のなかで複数のフィールドに十分に関わることを可能にし，かつ尊重するようなあり方が，社会のなかのいろいろな場面で模索されていくと考えられる。上でみた若者の意識や言葉からは，1つだけに専念するモデルではなく，複数のフィールドに関わっていく志向（あるいは，それが困難である

と判断しての戸惑いや割り切り）がうかがえないだろうか。

「複数のフィールド」の例：プロボノ

ただ，「複数のフィールドをもつ生き方」といっても，そしてすでに本来誰もが実際に複数のフィールドを生きているといっても，仕事と生活の両立以外にはなかなかイメージがわきにくいかもしれない。そこでここでは，具体例の1つとして「プロボノ」（嵯峨 2011）を紹介することにしよう。

　プロボノとは，自分の仕事においてもっている知識や経験をいかして，社会貢献に活用するボランティア活動のことである。弁護士が，東日本大震災の被災者に法律相談を無料で行うことはその一例である。また，社会的課題に取り組む活動をしているが広報のノウハウをもたない NPO に対して，企業の PR 担当者・ウェブサイトのデザイナー・コピーライターなどが，週末などにボランティアとして，その NPO のウェブサイトやパンフレットを作成するという例もある。いずれも，自分たちがもっているスキルを，本来の仕事としてだけでなく，社会貢献に活用するところがポイントである。後者の例でいえば，NPO の人たちは，自分たちの能力やお金だけではできない，みずからのメッセージをより効果的に届けられる広報手段をつくることができる。他方，プロボノ活動に関わる人たちは，自分の貢献に直接感謝の言葉を受け取ることができ，自分たちの仕事の能力がより広い場所でいきることを実感できる。このように，双方にとって意味がある仕組みになっているのである。

　自分の仕事だけに専念するのでなく，それ以外の場で自分の能力をいかし社会貢献につなげていくこのプロボノは，まさに「複数のフィールドをもつ生き方」を体現している例であると思われる。そして同時に，「自分と仕事の一致」への志向にも応えるあり方なのではないだろうか。

キャリアデザインにとっての重要性

無論，プロボノはあくまでも「複数のフィールドをもつ生き方」の一例にすぎない。むしろ，特別に新しいことを始めなくても，人はすでに複数のフィールドを生きているというのが，ここで強調したいことである。そして，若者がキャリアデザインを考えるうえでも，この複数のフィールドという観点は重要であると考えられる。

なぜなら，確かに仕事や働くことは大きな問題ではあるが，生きることの全域を覆い尽くすものではけっしてないからである。「自分と仕事の一致」を志向するといっても，自分のやりたい仕事に24時間ただ没頭していればいいことにはならないだろう。複数のフィールドを同時並行的に生きるのが私たちの姿であり，生活上の他の領域や他の活動とのバランスが達成されてこそ，仕事やキャリアはいっそう豊かなものになりうるのではないだろうか。

　場合によっては，キャリアのなかで，1つのことに集中的に取り組まざるをえない時期が生じるかもしれない。しかし，たとえそうであっても，それはある限定された期間だけのものであって，長期にわたり基本的な生活のあり方になるものではないだろう。

　キャリアデザインは，やりたい仕事について考えることだけに還元できるわけではない。長いスパンでキャリアを展望するうえで，複数のフィールドを視野に入れることは必要なことであろう。もちろん，現時点では，複数のフィールドを人びとが十分な形で営むことは，社会の仕組みが対応しきれていない面もあることから，けっして簡単なことではないかもしれない。またそもそも，複数のフィールドを生きること自体が，けっして楽な生き方ではないと感じられるかもしれない。しかしそうだとしても，これからの生き方や社会のあり方を考えるうえで，1人ひとりが複数の場に関わることが尊重されるような方向性を模索することは，若者に限らず多くの人にとっての課題といえるのではないだろうか。

　自分のキャリアを考えるとき，ただどのような仕事をするかだけでなく，仕事以外の領域との関係にも少しだけ視野を広げて，働き方や生き方を考えてみよう。実際に若者たちがこれから生きていくのは，複数のフィールドなのだから。

久木元　真吾

参考文献

岩間夏樹，2013，『ロボット掃除機型新入社員の傾向と対策——若者のトリセツ2013』生産性出版。
公益財団法人日本生産性本部・一般社団法人日本経済青年協議会，2013，『平成25年度新入社員「働くことの意識」調査報告書』。
嵯峨生馬，2011，『プロボノ——新しい社会貢献 新しい働き方』勁草書房。

ワークシート ❹ 働くことについての自分の考えを探ってみよう

自分の考えがまだはっきりしない人でも，他の人の意見や言葉と比較すると，少しずつ見えてくるかもしれない。探ってみよう。

●WORK●1

この章のなかで出てきた調査結果や大学生の言葉を1つひとつ読み直して，自分が共感できるもの・ピンと来ないものがあるかどうかを調べてみよう。そして，なぜそう思うのか，理由を考えてみよう。

●WORK●2

WORK 1 で考えたことを，ほかの人に話して意見を聞いてみよう。できれば，自分とは違うものに共感している人，自分が共感しているものがピンと来ない人と話して，お互いに相手の話にコメントしてみよう。

Message 先輩からのメッセージ②

名前：鈴木尚（すずき・たかし）
勤務先：大手電機メーカー
年齢：27歳，社会人6年目
学歴：2007年 早稲田大学卒業

　私は，学生時代から新しい技術を駆使した「ものづくり」の現場で働きたいという志望動機から，現在のメーカー企業に就職しました。入社してから6年目に入りますが，最初の5年間は，工場のある九州地方の事業所に配属されました。現在は東京に在勤していますが，入社間もない時期での地方勤務は，メーカーにとって一番大切な生産現場に身をおきながら実践的に仕事を覚える絶好の機会となり，その後の自分の職業経験にとってたいへん貴重な体験となりました。社会システム海外事業部という部署に勤務していますが，具体的には鉄道車両に搭載するトラクションモーターや制御装置，空調装置といった電機品を海外の車両メーカーに販売することを主な仕事としています。そのなかで，とくに欧州地域での販売業務を担当していることもあり，海外の顧客との商談に関する情報収集や見積り作成，受注案件の進捗状況の報告など，日々の仕事において海外と接触する機会が多くあります。その点でいえば，つねにグローバルな動きのなかで自分の仕事をみつめながら，時代環境の変化に即応していかなければならない厳しさがあります。しかしまた，それだけ自分の仕事に対して「やりがい」を感じることができます。

　社会人となってからまだ数年しか経っていませんが，日々の仕事を通じて大切に感じることは，真面目に明るく何事にも前向きに取り組むこと，ストレスフルな局面に立たされたときでも心身ともに健康を維持し続けること，につきると思います。自分の意に反する場面や希望どおりにいかないことは実際多々あります。「この仕事（職場）は希望と違う」「他の仕事のほうが自分の能力をいかせる」といった不満や不平を抱くこともあるかもしれませんが，新しい仕事や新しい職場がどのようなものであっても，程度の差こそあれ，そのような思いはつきものです。取り組むべき目前の仕事に対し明るく元気に，そして誠実に向き合うことのほうが重要です。とくに仕事で外国人とつきあっていく際には，コミュニケーションの仕方や考え方の違いによって物事がうまく運ばず気分が落ち込むことも，確かに少なからずあります。しかしそのようなときこそ，不安を跳ね返すだけの自信の源泉となる「心身の健康」がまず必要となるでしょう。職業人として求められる能力は，実際どの業界や職種であってもそう変わらないと思います。周囲にはすでに転職した友人たちもいないわけではありませんが，職業人としての自尊心と仕事に対する情熱をつねに失うことなく，いかなる苦境をも突破し，与えられた環境のなかで最大限の結果をだしていく大きな力を日頃から養っておくことが大切だと思います。

第5章
大学から労働への移行

大学を出て就職することは，なぜ・どのように難しくなったのだろう。その難しさに対して，いったい何をしたらよいのだろう。この章は，これら2つの問いについて考えていきたい。

1 新規大卒就職はなぜ・どのように難しくなったのか

新規大卒者をめぐる需要と供給

　皆さんは,「いまの世の中,大学を出たって就職できるわけじゃない」という指摘をよく耳にしていることと思う。では,大学を出て就職することは,なぜ・どのように難しくなったのだろう。その難しさに対して,いったい何をしたらよいのだろう。この章は,これら2つの問いについて考えていきたい。なお以下では,「新規大卒就職」「新規大卒者」を「大卒就職」「大卒者」と略記する。

　単純な理屈から始めよう。大卒者が増える一方で,その採用数が減れば,大卒就職は難しくなる。これは,高校の「政治経済」などで勉強する需要・供給の原理であり,一般商品だけではなく,労働力(私たちは,自分の働く力を売っている)にも当てはまる。

　労働力供給側(大学生側)から見てみよう。現在,日本全国に大学は何校あるのだろう。大学在籍者や卒業者は何人いるのだろう。文部科学省の統計「学校基本調査」によると,2012年度では,全国の大学は783校,在籍者は約290万人,卒業者は約55万人。これに対して30年前の1982年度では,大学455校,在籍者約180万人,卒業者約38万人であった。順に1.7倍,1.6倍,1.4倍である。ものすごい増え方といえよう。

　続いて労働力需要側(採用側)を見てみよう。2012年度の大卒就職者は約30万人,1982年度は約35万人。大学在籍者や大卒者の増え方と比べれば,ごくわずかである(1.17倍)。もちろん,採用には景気の影響があるから,1982年度から2012年度の間で,就職者は増減を繰り返している。しかし,もっとも多かった2010年度でさえ40万人には達していないし,もっとも少なかった2000年度と2003年度は,30万人を切ってしまっている。

　大学の数,大学生の数,大卒者の数がおびただしく増えたのに比べれば,企業側の大卒採用数は,たいして増えていない。なぜだろう。すぐ思いつくのは,企業側が新規大卒求人を出しているのに,学生たちがそこに向かわず,ミス

マッチ（「未充足求人」という）が生じているということである。中小零細企業を訪問し，採用や人材育成についてインタビューしてきた筆者の経験のなかでも，「大学生を採用したいけれど，なかなか来てくれない。去年は，日本の大学を卒業した，台湾人留学生を採用して，いまは生産管理を担当してもらっています」といった話をしばしば聞く。

ただし，ミスマッチだけが大卒採用数が増加しない理由ではない。より根本的には，企業経営の発想の大きな変化があげられる。その要点は2つある。

第1に，「わが社の商品やサービスを買ってくれる人びとが海外で増えている。ならば，日本から出て行って，そこで製造したり売ったりしよう」「わが社のために働いてくれる強い気持ちと能力があるのなら，国籍や人種は問わない」という考え方が強まったこと。

第2に，「大卒者だからといって，どうして全員を正社員で雇わなくてはいけないのか。正社員で雇うと解雇しにくいし，給料だけではなく年金や社会保険の面倒も見なければならずコストが高い。非正社員で雇おう」という考え方が強まったこと。この考え方が極端になると，労働者を平気で使い捨てるような「ブラック企業」となってしまう。そしてそれは，無法地帯のように広がっている（笹山 2008，今野 2012，2013）。

以上の説明からわかるように，大卒者の就職が難しくなったのは，不況という景気循環だけではなく，教育と経済のあり方・結びつき方（構造）にも原因があってのことなのである。これを椅子取りゲームにたとえるなら，ゲーム参加者10人に対して椅子が9脚だったのが，椅子だけが減って6脚になり，しかも，座ってもすぐ壊れる椅子が増えた，ということになるだろう。

ゲームのルールの「無茶ぶり」「巧妙ぶり」　さらに留意すべきなのは，そうしたゲームのルールには「無茶ぶり」や「巧妙ぶり」が目につく，ということである。具体例を2つあげて説明しよう。

ある有名大学の学生Aさんは，就労希望者支援の仕事がしたくて，さまざまな人材企業をまわり，大手のX社に内定した。AさんとX社は，内定式（Aさんが4年生の10月1日）で雇用契約書を締結した。給与や賞与，就業時間や休日・休暇など，雇用条件が細かく記載されている。AさんとX社はこれに

記名捺印し，それぞれ1通保管した。

　ところが，翌年4月の新入社員研修を終えてみると，AさんはX社の子会社で，インターネット商品を販売するY社へ出向し，営業を担当せよとの辞令が出た。就労支援業務を担当すると合意してX社に決めたのに，いきなり子会社に出向，しかもまったく予想も希望もしていなかった仕事をするなんて，あまりにもひどい。Aさんがそう思うのは当然であろう。

　しかし，雇用契約書をよく読み直してみると，「予定配属先」と「担当業務」の欄には「研修終了後に決定する」とある。それにハンコを押したAさんは「文句は言えない」。濱口（2011: 16-18）が指摘するように，一般に日本企業が結ぶのは「職務の定めのない雇用契約」つまり「メンバーシップ契約」（その企業のメンバーとなる，つまり「就社」）であるため，こうしたことが生じるのである。

　X社の新卒採用に大きな狂いが生じたのかもしれない。経営状況に急激な変化が生じたのかもしれない。こうした何らかの事情のために，Aさんを入社即出向としたのかもしれない。その際，確かにX社はルール（この場合は雇用契約）に則って行動している。けれども，その運用は「そんな無茶な」と思えるだろう。「嫌なら辞めてもらっていい，と考えていたのではないか」と推察することも可能かもしれない。

　続いて2つめの例である。2009年7月，Bさん（筆者のゼミ生）は，ある企業から電話で内々定を告げられた。しばらくすると，社長直筆の葉書が届いた。「来年4月から，君と働けることを楽しみにしているよ」。この学生は筆者に尋ねた。「この葉書は，どうとらえたらいいんですか？　どうしてこの会社は，内々定通知書をくれないんですか？」と。

　採用企業は通常，春夏には「内々定通知書」を，秋には「内定通知書」を出す。「内々定」と「内定」の違いを，水島（2014: 62-63）は次のように説明する。「内々定通知書」は，「最終段階ではなく，まだどちらの側からも断る可能性のある段階」で出されるので，「予約程度の意味しか持たない」のに対して，「内定通知書」は労働（雇用）契約を成立させる。ただ，「内定者がすぐに仕事を始めるわけではないし，入社予定日までに入社できない事情が内定者に生じることもある（最もポピュラーなのは，卒業要件単位不足による留年である）。そこ

で通常の労働契約とはちょっと異なり，『解雇権留保付労働契約』（会社が内定取消しできる権利付きの契約）」である。

　解雇権留保付だとしても，内定取消しが社会通念上相当であるべきか否か（たとえば，経営不振や業績悪化を理由にする場合）は，そのつど判断されるべきである。企業と比べれば労働者は，ましてやこれから社会に巣立っていく大学生は，断然立場が弱い。すると企業は，「内定取消しがわが社の場合，社会通念上相当だとしても，そうだと主張するわけには，なかなかいかないだろう。また，内々定が予約程度の意味しかもたないとしても，こちらの事情でそれを取り消したりすると，わが社の評判が落ちる。そのとき，書面で出していると，不都合が大きくなるかもしれない」といった悩みを抱える。

　この悩みが膨れ上がったのが，2008年の「リーマンショック」の影響を受けて，「大卒内定切り（内定取消し）」が社会問題化した2009年である。Bさんに内々定通知書を出さなかったこの企業は，おそらく，この悩みへの対応策として，社長直筆の葉書を出したのだろう。いわば「心理的契約（一種の心理的拘束）」を採用活動に活用しているのである。筆者はBさんに，「内々定」と「内定」の違いの説明と合わせて，このような意見を述べた。また，専門的な相談機関をいくつか紹介した。Bさんは，内々定を書面で通知しない点にやはり納得がいかず，就職活動を続けた。結果，別の企業に内定し就職した。

2　無防備な大学生たち

「生きた労働法」を学ぶ必要性　　ここまで述べたように，大卒者の就職は，大学・大学生の顕著な増加，景気，企業経営の発想転換，労働法・ルールの無茶な／巧妙な運用，といったさまざまな要因が絡んで難しくなってきた。では，こうした難しさに対しては，いったい何をしたらよいのだろう。以下では，この2つめの問いについて考えていこう。

　皆さんはここまで読まれて，次のように思われたのではなかろうか。「こんなケースは，そうはいっても，やっぱり稀だろう」「大学生が増えて採用が減って就職が難しくなったといっても，就職しなくちゃならないんだから，業界分

析や企業分析をやって，コミュニケーション能力を磨いて，面接対応力をつけて……って頑張るしかない」と。こうした意見に対して，筆者は次のように考える。2点述べよう。

　第1に，「それはレアケース」という判断は怪しい。というのも，誰にも相談できなかったり，友人や保護者に相談はしたものの「けしからん」と憤慨して終わってしまうことが多いので，こうしたことが実際にどれくらい生じているのか，わからないからだ。しかも，いつ・誰に生じるかわからないのだから，いざというときの最低限の知識的な備えはしておくべきである。備えがあれば，たとえば前述のBさんのように「内々定通知書を出さないのは，何だか変だぞ」と直感が働くし，誰かに相談しようという判断ができる。こうした直感と判断がなかったら，この学生は社長直筆の葉書をもらって感激し，就職活動をやめ，結果として選択を狭めたかもしれないのである。

　第2に，就職に向けて自分の能力やスキルを高める努力は，一生懸命続ければよい。インターンシップに行ったり，エントリーシートの書き方についてアドバイスを受けたりなど，必要だと思うことに積極的に取り組めばよい。けれども，それだけでは足りない。無茶な／巧妙なルールのゲームは，あちこちでなされているからだ。だから，自分の「エンプロイアビリティ（employability：雇用可能性）」を高める努力と同時に，無茶な／巧妙なルールに気づけるセンス，おかしいのは自分ではなくそうしたルールを運用する雇用側だと判断できるセンス，そこから身を引く勇気，ひと言でいえば「働くためのサバイバル・センス」を磨くことが肝心なのである。

　こうしたサバイバルのセンスは，「生きた労働法」を学ぶことによって磨くことができる。けれども多くの大学生は，そうした学びをせずに大学に入学してきている。たとえば筆者が1年生の大講義で，「労働3権って何かわかるかな？」と尋ねると，正しく指摘する。ところが，「じゃあ，もしあなたが，働いた分の賃金をちゃんと払ってもらえなかったら，どうすればいいの？」と聞くと，学生たちは答えられないのである。おそらく高校までは，現代社会や政治経済の教科書で太字になっている「団結権，団体交渉権，争議権」を一生懸命暗記して，筆記試験で吐き出せば「オッケー」だったのだろう。

このように述べると、「そんなこと言われたって、大学入試のあり方を考えたら、暗記勉強が中心になるのは仕方がないと思う。それに、労働3権とは何かといった知識は大切なのだから、高校で覚えたそれを土台に大学で詳しく学べばよい」という意見が出てくるだろう。筆者もまったく同意する（筒井 2014: 46-47）。けれどもすぐさま表明したいのは、「生きた労働法」を学ぶ機会は、大学で十分広くは提供されてはいないのではないか、という疑念なのである。

だが圧倒的なのは「就活直結的学習」

図5-1を見てほしい。これは、労働相談・労働教育・就労支援のNPO法人「あったかサポート」と筆者が共同で2011年度に実施した、私立中堅Z大学3年生を対象としたアンケート調査の結果である。「『労災保険』という名称を知っていましたか」と「労災保険にはアルバイトでも入れることを知っていましたか」という質問に対する回答を、学部系統と男女別とをクロスさせて示している。ここからわかることは3つある。

第1に、労災保険という名称は、いずれのカテゴリーでも8～9割程度と

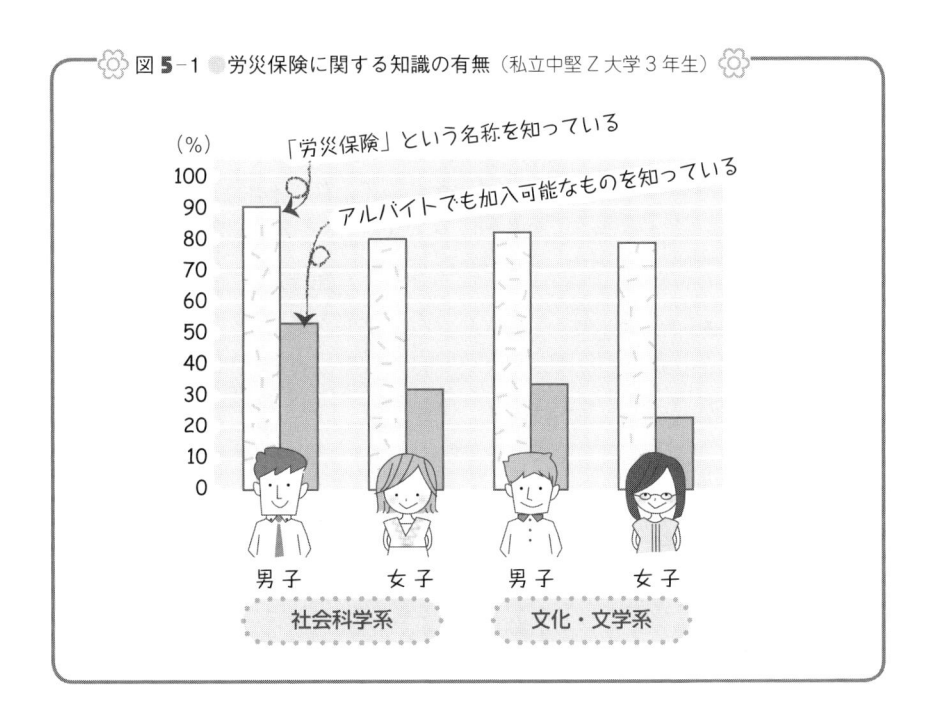

図5-1 ●労災保険に関する知識の有無（私立中堅Z大学3年生）

「労災保険」という名称を知っている
アルバイトでも加入可能なものを知っている

社会科学系　男子／女子
文化・文学系　男子／女子

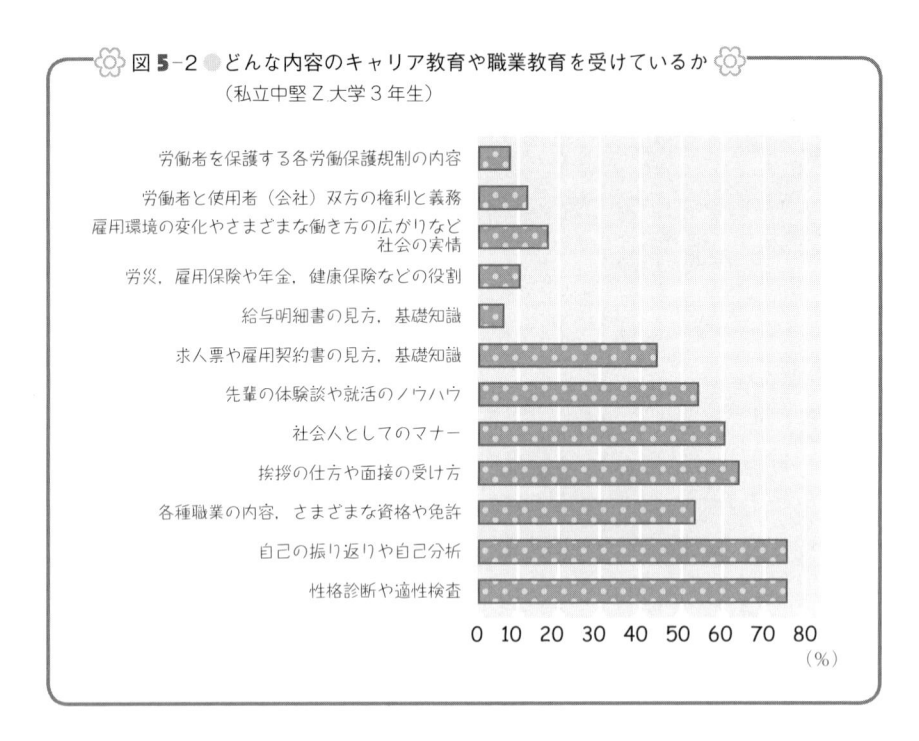

図5-2 ●どんな内容のキャリア教育や職業教育を受けているか
（私立中堅Z大学3年生）

- 労働者を保護する各労働保護規制の内容
- 労働者と使用者（会社）双方の権利と義務
- 雇用環境の変化やさまざまな働き方の広がりなど社会の実情
- 労災，雇用保険や年金，健康保険などの役割
- 給与明細書の見方，基礎知識
- 求人票や雇用契約書の見方，基礎知識
- 先輩の体験談や就活のノウハウ
- 社会人としてのマナー
- 挨拶の仕方や面接の受け方
- 各種職業の内容，さまざまな資格や免許
- 自己の振り返りや自己分析
- 性格診断や適性検査

（％）

認知度が高い。しかし第2に，「アルバイトでも入れる」という一歩踏み込んだ，皆さんにとってすごく重要なはずの知識となると，認知度が大幅に落ちる。学部系統と男女で大きく違う。つまり第3に，社会科学系男子が5割でもっとも高く，文化・文学系女子で2割ともっとも低い。

労災保険とは具体的にどういうものなのかという知識は，アルバイトを含めて働いて生活していくには不可欠なのだから，学部が何であれ，性別が何であれ，もっとしっかり身につけられてよい。けれども，大学3年生の時点ですら，そうはなっていないのである。

続いて図5-2を見てほしい。これも同じ調査から得た結果である。「いま在籍中の学校の，キャリア教育や職業教育の中で以下の項目の教育を受けています（受けました）か？」という質問に対する回答を示している。項目は全部で12あり，上の6つが，労働法や働く環境の社会的変化といった内容であるのに対し，下の6つは，より就職活動に直結した内容となっている。ここで前者を「労働教育的学習」，後者を「就活直結的学習」と命名しておこう。

このグラフから一目瞭然なのは,「求人票や雇用契約書の見方,基礎知識」を除けば,大学生たちが経験しているのは圧倒的に「就活直結的学習」であって,「労働教育的学習」ではない,ということである。
　前述したような,無茶な／巧妙なルールでなされるゲームが,あちこちで展開している状況なのに,「労働者を保護する各労働保護規制の内容」「労働者と使用者（会社）双方の権利と義務」「労災,雇用保険や年金,健康保険などの役割」「給与明細書の見方や基礎知識」の学習経験が1割に満たなくてよいのだろうか。「雇用環境の変化やさまざまな働き方の広がりなど社会の実情」の学習経験が2割に満たなくてよいのだろうか。とてもそうとは思えない。
　繰り返せば,就職に向けて自分の能力やスキルを高める努力は,一生懸命に続ければよく,「就活直結的学習」の機会を存分に活用すればよい。けれども,それは「労働教育的学習」の代わりにはならない。生きた労働法を学ぶこと,働くためのサバイバル・センスを磨くことには,ならないのである。
　以上の筆者の論は,1つの私立中堅大学の学生データをもとに主張しているので,「生きた労働法」を学ぶ機会は,大学で十分広くは提供されてはいないのではないかという疑念は,きちんと証明されたわけではない。「生きた労働法」の学習に,全学的に取り組んでいる大学も存在するだろう。皆さんの在籍する大学はどうであろうか。誰かに聞いてみることも含めて,自分から積極的に調べてみてほしい。それは,働くためのサバイバル・センスを磨く一歩となるだろう。次の最終節では,そのヒントを示したい。

3　働くためのサバイバル・センスを磨くヒント

働くことの2つの次元

　おそらく皆さんが在籍する大学でも,圧倒的に目につき経験されるのは「就活直結的学習」であろう。本章を読むまでは,このこと自体を意識したことがなかったのではないだろうか。つまり,皆さんは本章を読むことではじめて「就活直結的学習」と「労働教育的学習」というペアの言葉を知り,それを通して現実を観察し判断するという力量を得たのである。こうした獲得がなかったら,「労働教育的学習」が

図 5-3 ●働くことの 2 つの次元と「就活直結的学習」「労働教育的学習」
との関係の概念図

「労働教育的学習」
労働法・制度や労働慣行の次元に関わる
（労働者保護，雇用契約，労災保険，etc.）

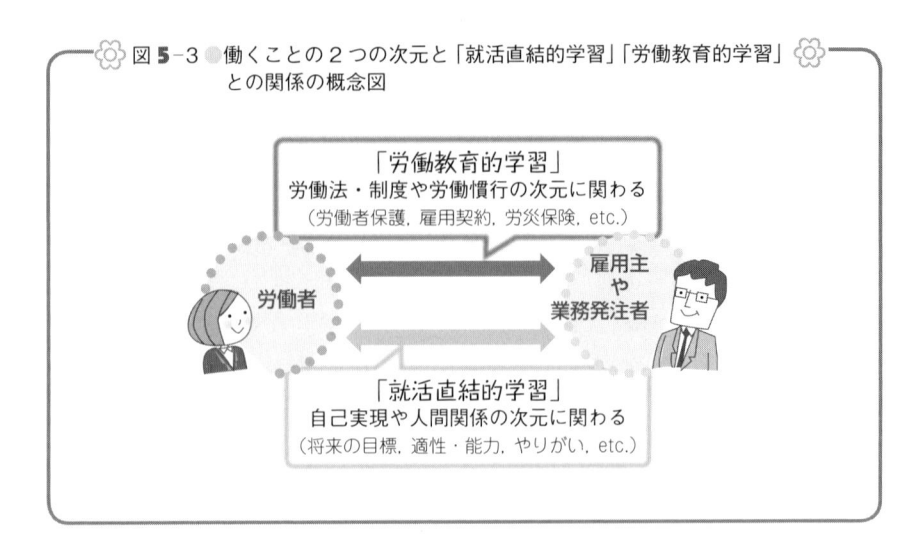

労働者　⇔　雇用主や業務発注者

「就活直結的学習」
自己実現や人間関係の次元に関わる
（将来の目標，適性・能力，やりがい，etc.）

存在することを知らないまま，「就活直結的学習」にもっぱら時間とエネルギーを注いでいたかもしれない。

　それが危ないのは，労働者としての自分を守る知識や手段が不足したままになるだけではなく，働くことの意味を，自己実現や人間関係の次元でしかとらえられなくなるからである。もちろん，働くうえで自己実現や人間関係は大切に違いない。誰だって「苦労したけどお客さんに喜んでもらえた」「自分が気を配った同僚が成果を出した」といった経験をしたい。

　けれども，労働者がどのような自己実現をするのか，どのような人間関係を保つのかは，労働法・制度や労働慣行が大きく左右している，ということを忘れてはならない（筒井 2014:174-178）。労働法・制度や労働慣行とは，要するに，働くことに関するルールである。ルールには，法律や就業規則のように公式に定められたものもあれば，「紙には書かれていないけど，みんなそういうふうにやってきた」というものや，暗黙のうちに守られているものもある。

　たとえばあなたが，部下の指導に厳しく熱心な上司の多い P 社に勤めているとしよう。社内には「いい仕事をするためなら，いくらでも残業するくらいの熱意が大切だ」という雰囲気があり，活気に満ちている。上司の C さんは，あなたが担当業務をマスターするまで，毎晩遅くまで残業し，コーチしてくれた。あなたは上司の期待に応えて頑張ってきたので，一目おかれるようになっ

た。さて，あなたにも部下ができた。自分が受けてきたのと同じやり方で指導するだろうか。それとも，「ちょっと待てよ」と立ち止まるだろうか。

　もっと早く退社していれば，自分は，あんなに疲れやストレスを溜めなかったかもしれない（健康の喪失）。ステップアップをめざした資格取得の勉強ができたかもしれない（学習機会の喪失）。「オレより仕事のほうが大切なのかよ？」と彼氏にふられなかったかもしれない（親密なつきあいの喪失）。同じことが，部下にも当てはまるかもしれない。そもそも，各自の仕事量が減るよう，もう少し従業員を増やすべきではないのか。

　だが，自分が染まっていて当然視している労働慣行を，こんなふうに客観的な外の視点で見てみることは，実はたいへん難しい。仕事を通じた自己実現や人間関係に心血を注げば注ぐほど，客観視は難しくなる。だから，働くことを，自己実現や人間関係の次元だけではなく，労働法・制度や労働慣行の次元でもとらえるセンスが大切になってくる。「労働教育的学習」は，まさしく後者のセンスを磨く。以上を図示したのが図5-3である。

自分から積極的に調べよう

　繰り返せば，皆さんをどっぷりと浸しているのは，図5-3の下側，そして図5-2の下半分の「就活直結的学習」であろう。だから，「労働教育的学習」のチャンスは，自分でもっと意識的に探してみることが肝心である。

　シラバスを，所属する学部に限らずチェックしてみよう。もし，おもしろそうなその授業を履修しなかったとしても，「Y先生は，就職活動を労働法の視点から論じているんだな。Y先生のSNSや論文に注意してみよう」というように，選択肢を広げることにつながる。

　ネット検索も有効である。「労働相談」や「労働（法）教育」といった言葉を入力すると，相談の事例が紹介されていたり，バイト先のトラブルで困っている人たちへの呼びかけや連絡先が載っていたりする。「あ，それ，アタシも困っていることじゃん」「なんだ，この相談機関って，大学からたった2駅のところにあるんだ」といった発見があるだろう。

　実際に本を手にとって読んでみることも重要である。別に専門書を読む必要はない。たとえば，すでに本章で引用した文献は，一般向けにやさしく書かれ

た薄い本なので，便利である。章末にまとめてリスト化してあるので，ページをめくって見てほしい。続く第6章「企業のフレキシビリティと労働者のキャリア」も有益である。私たちの働き方・生き方に影響を及ぼす労働法・制度や労働慣行は，なぜ・どのようにして，いまある姿になったのだろう。第6章は，その歴史的理解をぐっと深めてくれる。

「生きた労働法」を学び，サバイバル・センスを磨くには，ここまで述べたさまざまな方法を通して知識をインプットし，それを用いて皆で疑問を解き合ったり，問題点を話し合ったりすることが，たいへんよい。「生きた労働法」を学ぶとは，労働法の知識を現実問題の解決に用いる力をつけることだけではなく，アルバイトを含め働いて生きている者同士で悩みや不安を共有しながら，一緒に解決していくことでもあるからである。

その手始めに，ワークシートを用意した。ここまでの内容を振り返りながら取り組んでみると，「『生きた労働法』を学ぶって，こういうことか！」「働くためのサバイバル・センスを磨いていけそうな気になってきたぞ！」といった実感が，きっと得られるであろう。

筒井 美紀

参・考・文・献

児美川孝一郎，2013，『キャリア教育のウソ』筑摩書房。
今野晴貴，2012，『ブラック企業――日本を食いつぶす妖怪』文藝春秋。
今野晴貴，2013，『ヤバい会社の餌食にならないための労働法』幻冬舎。
笹山尚人，2008，『人が壊れてゆく職場――自分を守るために何が必要か』光文社。
筒井美紀，2014，『大学選びより100倍大切なこと』ジャパンマシニスト社。
濱口桂一郎，2011，『日本の雇用と労働法』日本経済新聞出版社。
水島郁子，2014，「採用内定――内定が取り消されてしまったら」阿部正浩・松繁寿和編『キャリアのみかた――図で見る110のポイント（改訂版）』有斐閣。

ワークシート ❺

生きた労働法を学ぼう

次の事例を読んで，あとの作業をやってみよう（よくわからない人は，友達やクラスの人と話し合ってみよう）。

　アタシ S 美。大学 1 年生。ピザ屋で配達のバイトやってる。先日，前の軽自動車が，黄色信号つっきれなくて急ブレーキかけて，避けようとしたらバランス失って転んじゃった。ケガとか全然なかったけど，ピザつぶれちゃって。しょーがないから店に戻ったら店長が激怒。「おまえ，責任とって 5000 円払え！」——そ，そんなぁ……今日のバイト代ふっとびじゃん。でもあとで，バイトのみんなが 1000 円ずつカンパしてくれた。アタシの自腹も 1000 円で済んだ。よかった！　やっぱ人間関係が大切だよね。って，カレシの M 夫（高校中退，イケメンのフリーターなの♡）にメールしたら，「おめー，バカじゃねーの。大学で何，勉強してんだよ？」「えっ？　何がいけないの？」「んなことくらい，自分で考えな！」——M 夫，けっこう苦労してるから，ときどきアタシにも厳しいのよねー，ブンブン！

●WORK●1

M 夫によれば，S 美のとった行動は間違っているようだ。どこがそうなのだろうか。なぜそうなのだろうか。あなたの考えを書いてみよう。

● **WORK●2**

ピザ屋に戻ったとき，S美は店長に対してどうすべきだったのだろうか。あなたの考えを書いてみよう。

● **WORK●3**

もし，あなたがS美だったら，どんな専門機関や専門家に相談するだろうか。身近にある，具体的な名称・名前や住所・アクセス先をあげてみよう。

第6章

企業のフレキシビリティと労働者のキャリア

design

働く世界のさまざまなルールは、誰がどのような事情からつくりあげたものなのだろうか。企業と労働者のそれぞれが「職場」に求めることにずれがあることに着目しながら、日本におけるルールづくりの歴史をたどってみよう。

1 なぜ歴史を振り返る必要があるのか

　いま,「働く」ということを考えることは,どういうことを意味するのだろうか。これまでの日本的な雇用慣行は崩れつつあるといわれているから,自分で事業を起こしたり,友人の運営する会社に参加したりして,自立的に会社を切り盛りできればそれは非常に魅力的なことだろう。フリーランスで働く自由は捨てがたいし,親族の会社を手伝うことだってチャレンジングな選択肢であるに違いない。しかし,統計を見てみると,そういう生き方はそれほど多いわけではない。バブル崩壊以降の起業環境はよくないようだし（中小企業庁2011），そもそも（フリーランスを含む）自営業はどんどん減ってきている。いまから50年前,自営業やそれを家族として手伝う人は,仕事をしている人の半数を占めていた（農家の存在が大きい）。ところがいまやその割合は13％程度。残りの87％という大多数が被雇用者,すなわち人に雇われて働いている。だから,いまこの本を読んでいる皆さんも,よほどの境遇にあるのでなければ,今後会社に雇われることが「仕事をする」ことであり「キャリアを積む」ことであるような人生を歩んでいくことになる。

　冒頭でこの点を強調するのには理由がある。それは,仕事やキャリアというものが,私たちを雇いあれこれと命令をする主体との関係,すなわち企業との関係のなかで決まってくることを改めて強調したいからだ。前の章で,労働法・制度や労働慣行について,それが要するに,働くことに関するルールだということが書かれていただろう。法律や就業規則のように明文化されたものもあれば,「みんなそういうふうにやってきた」というもの,あるいは,暗黙のうちに守られているものもある。担当する仕事や給料の決まり方,ローテーションや転勤についての慣行,教育・訓練の組織され方,昇進・昇格から「できる人」と考えらえる能力のあり方にいたるまで,仕事とキャリアに関わるあらゆることに明確な,あるいは暗黙の了解がある。これらのほとんどは,使用者と労働者の関係（雇用関係）についての了解事項だと理解してほしい。私たちにとって就職するということは,こうしたさまざまなルールの網の目が張り

巡らされた，独特な意味世界のなかに飛び込んでいくことである。

　実際，これまで日本的雇用慣行と呼ばれてきた世界は，なかなか独特だ。それは終身雇用・年功賃金・企業別組合によって特徴づけられるといわれる。正規労働者は1つの企業に長いこと勤めるのが普通だったし，とくに大企業に勤めていれば，高水準の給料のほか，さまざまな福利厚生，特別に設定された住宅手当や住宅ローン，企業年金の存在によって，安定した人生を歩むことができた。しかし，一方で彼らは「会社人間」「エコノミック・アニマル」と呼ばれるほど仕事（会社？）に没入することが求められた。たとえば，転勤や単身赴任は自分の人生や家族の運命に大きな影響があるにもかかわらず，断れないと考える人が多い。企業からの要求に対して従順であることはサービス残業や過労死といった問題とつながっているが，それに応える「責任感」こそ正社員としての処遇にふさわしいものと考えられていることも事実である。事実この「責任感」の有無は，非正規社員との処遇格差を正当化する論理として使われている。転勤しないから，急な職務の変更がないから，同じ仕事をしていても給料が安くても仕方がないというわけだ。こうした慣習は，日本以外の先進国ではまず見られない。

　なかなか実感がわかないかもしれないが，こうしたルールや了解事項は，使用者と労働者（そしてそれを見守る国家）の話し合いの積み重ねによってつくられてきた。スポーツのルールと似ていると思ってもらえばいい。コートの大きさやプレーのルールは，私たちがつくったものではない。それぞれ長い歴史を経て，変化しながらいまの形となったのであり，私たちはそれに則ってプレーする。働くということも，似たようなものだ。歴史のある時点で，労使の話し合いによってつくられたルールや慣行が，その後いつしかあたりまえの，いわずもがなの了解事項となったのである。

　雇用の世界のおもしろいところは，労働者の側でプレーしにくいと思えば，ルールの変更を訴えてもいいということだろう。実際，先人たちはそうやっていまあるルールと了解事項をつくりあげてきた。いま，日本の労働組合は非常に弱くなってしまい，なかなかその力を感じるのは難しいだろう。しかし，その強さや弱さがいったいどのように私たちの働き方に影響しているのか知ることは必要だ。だからこそこの章では，まず労使の関係とその歴史に光をあてた

CHAPTER 6

1　なぜ歴史を振り返る必要があるのか

いと思う。

2　日本的雇用関係の形成

フレキシビリティ　歴史をひもとくにあたって，フレキシビリティ（柔軟性）という概念に着目し，長い歴史を単純化する一助としたい。この概念に着目する理由は2つある。1つは，企業と労働者が話し合うとき，それぞれの利害が異なることがあることを明らかに示してくれること。もう1つは，企業にとってのフレキシビリティの実現方法が，労働者のキャリアや求められる能力に非常に大きな影響力があることも明示してくれることである。

企業というものは，刻々変わるビジネス環境のなかを生き抜くために，いくつかのタイプのフレキシビリティを備える必要がある。主だったフレキシビリティに，数量的フレキシビリティと機能的フレキシビリティがある。どんな企業でも，労働過程に（原材料のほか）適切な質をもつ労働力を適量投入して製品やサービスをつくりだす。図6-1はその過程を単純化して示している。このとき，企業としては，投入する労働力の量と質をできるだけ思うようにコントロールしたいと考えるのが普通だろう。

だから，数量的フレキシビリティというのは労働力の量を柔軟に調節できることを意味し，採用・解雇の自由度，非正規雇用利用の自由度，そしてさまざまな労働時間制度（フレックスタイム制等）利用の自由度といった側面からとらえることができる。機能的フレキシビリティとは，技能・能力の柔軟な調達のことで，ジョブ・ローテーションや異動，そしてやはり，採用・解雇，非正規雇用利用の自由度が関係している。

労働者にも労働者なりの事情がある。毎日の生活を成り立たせ，家族をつくり，できれば自分たちの思うように人生設計したいと思うだろう。キャリアの形成が自己実現であってほしいと願うのも，いまではごくごく普通のことだし，充実した人生を過ごすために大事なことだ（第2章参照）。転職や退職のタイミングを自分で決めることができればそれに越したことはないが，採用・解雇の

図 6-1 ●企業活動の単純な図式

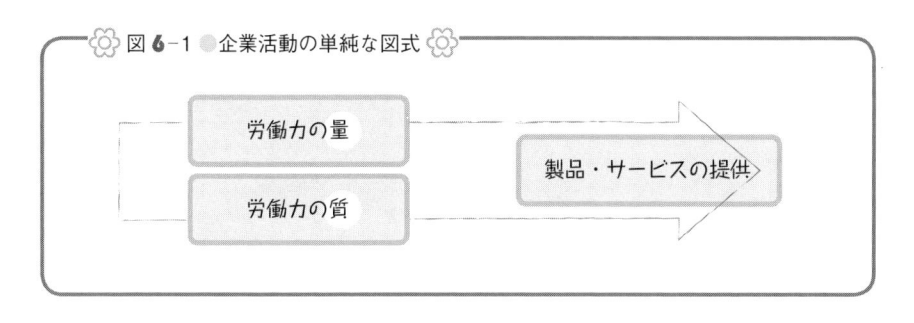

労働力の量
労働力の質
製品・サービスの提供

決定権が企業側にあると，意に沿わない形で会社を辞めなければならない。企業内での転勤や仕事の変更も，自分の希望が通るなら自己実現も近いだろうが，会社の都合が優先するなら我慢を強いられることも多くなるだろう。

こうした両者の都合，両者の利害がぶつかり合ってつくられてきたのが，雇用関係という社会関係，ということになる。以下では，こうした労使のぶつかり合いによって，さまざまなフレキシビリティのメカニズムがどのようにつくられてきたのかを中心に，日本のケースを記述していきたい。

戦後直後から 1960 年代

いま私たちが知っている終身雇用や年功賃金と呼ばれる仕組みは，とりあえず戦後にできあがったと考えていいだろう。第 2 次世界大戦が終わってからしばらく，とくに最初の数年，大きな盛りあがりを見せた労働運動がその基盤をつくった。GHQ は日本社会には前近代的なところが残っており，それが理由で日本が誤った道に進んだととらえていたので，日本社会を民主化するために労働運動を支えることが必要だと考えた。

こうした環境下で，労働者の多くが職場ごとに組合をつくり，自分たちの生活をよくするために運動に参加した（労働組合に参加している労働者の割合〔組織率〕の変化については図 6-2 参照のこと）。戦後の混乱期だったこともあり，労働者は雇用の安定と賃金の安定を要求し，終身雇用，年功賃金という，その後の日本的雇用を特徴づける制度の基盤を勝ち取ることができた。長期間の雇用保障を前提に，結婚・出産，家の取得や子どもの教育といった，年齢・ライフステージに応じた待遇が得られる仕組みを要求し，経営者はそれを飲まざるをえなかったのである。

図 6-2 ●労働組合組織率の推移

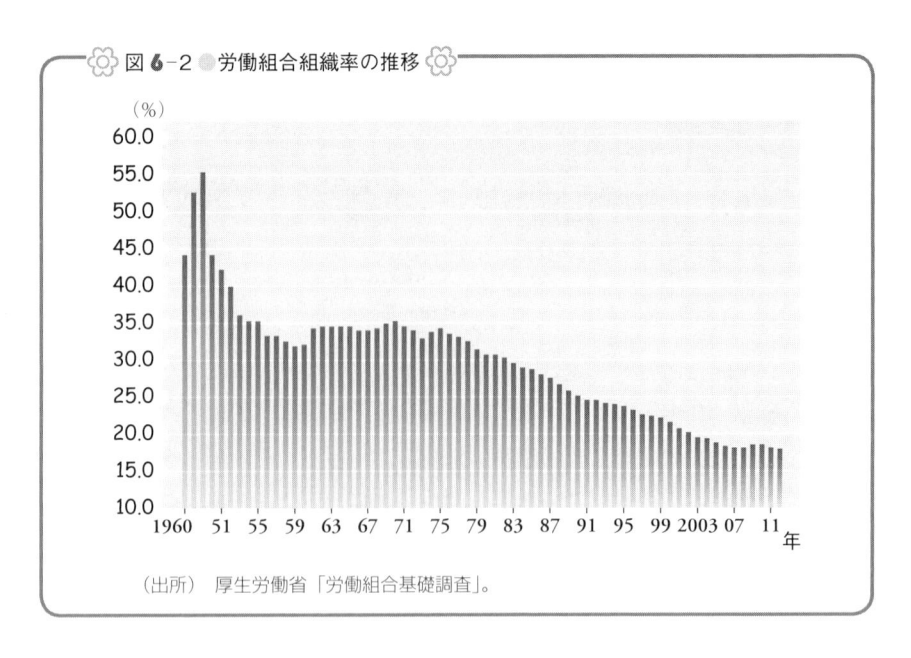

(出所) 厚生労働省「労働組合基礎調査」。

　しかし，朝鮮戦争（1950-53）が始まると，経営者の逆襲が始まった。朝鮮半島が戦場になってしまうと，日本は地政学的に対共産圏の矢面に立つことになる。独立回復早々の日本は，資本主義国として自立することが求められる状況におかれた。まだまだ影響力の強かったアメリカにとっても，労働運動に肩入れしている場合ではなく，逆に経営者に力をつけさせる側に回った。しかし，一度認めてしまった雇用の安定や年功賃金の解体は難しく，経営者にとってやっかいな硬直性（フレキシビリティの反対）となってしまっていた。戦争の特需などいつ終わるかわからないにもかかわらず，景気が急激に落ち込んでも労働者の解雇は難しくなってきていたし，賃金も売上にかかわらず労働者の年齢に応じて支払わなければならない。日本の経営者はこうした条件のなかで，何とかしてフレキシビリティを実現する仕組みをつくりださなければならなかった。

　1960年代の後半にいたるまで，経営者は労働組合の影響力を弱め，フレキシビリティをつくりだすことに腐心した。当初はアメリカにならって，年功賃金は廃止し，解雇の楽な外部労働市場（人が企業の外側を動く）の整備をしようと考えていた。しかし，労働組合の影響力を削ぐのは時間も労力もかかり，

改革の実行は困難を伴った。ところが，戦後20年の産業構造の変化（製造業中心への移行）が，硬直的だと考えられた雇用慣行に新しい光をあてることになった。外部労働市場がない状況で，急速に変化する環境に対応するには，企業内部で人を動かすしかない。実際，職務にこだわらない従業員の新たな職務への献身が，スムーズな対応を可能にした。高度成長の末期，1970年代にさしかかる頃，日本の経営者は明確に「日本型」の労務管理をつかみとったのである。機能的フレキシビリティが内部移動で賄える以上，解雇だけにこだわって数量的フレキシビリティをつくろうとする必要はない。能力主義の名のもと，賃金を少しでも企業のパフォーマンス（売上）に連動させ，人件費にフレキシビリティをもたせることがめざされるようになった。

オイルショックからバブル崩壊

オイルショック（第1次：1973-74年，第2次：1978-80年）は，日本の労使関係にとって大きな転換点だったかもしれない。労働組合がすっかり経営に協調的になったのは，この頃からである。矛盾するようだが，雇用の安定がしっかり制度化したのも，実はこの頃だ。オイルショックで企業の存続が脅かされたわけだが，解雇しようとする経営側に対して，労働者側は雇用だけは守るべく戦った。図**6**-3を見てほしい。

この図は戦後日本における労働争議件数の推移を示したものである。これを見ると，日本の労使の力が拮抗し，もっとも激しく争ったのはオイルショック時だったことがわかる。このときの労働組合は，とにかく正規労働者の雇用を守ることがすべてに優先していた。そうした姿勢は，1974年に成立した雇用保険法の制定過程に典型的に現れている。失業保険を拡充しようとする政府や経営側に対して，失業保険の拡充はむしろ経営者が安心して解雇できる環境をつくってしまうと主張。失業者に給付金を与えるのではなく，厳しい経営状況においても雇用を守ろうとする企業に，補助金が出る仕組みを支持したのだ。

しかし，いまから考えれば，この闘争方針は皮肉な結果をもたらしたといわざるをえない。「雇用を守ってもらう代わりに，企業への果てしない献身を要求する」論理を正当化してしまったからだ。まず第1に，この闘争により雇用は守られたが，同時に労働者が企業からの出口を失ってしまった。企業の外

図6-3 労働争議件数の推移

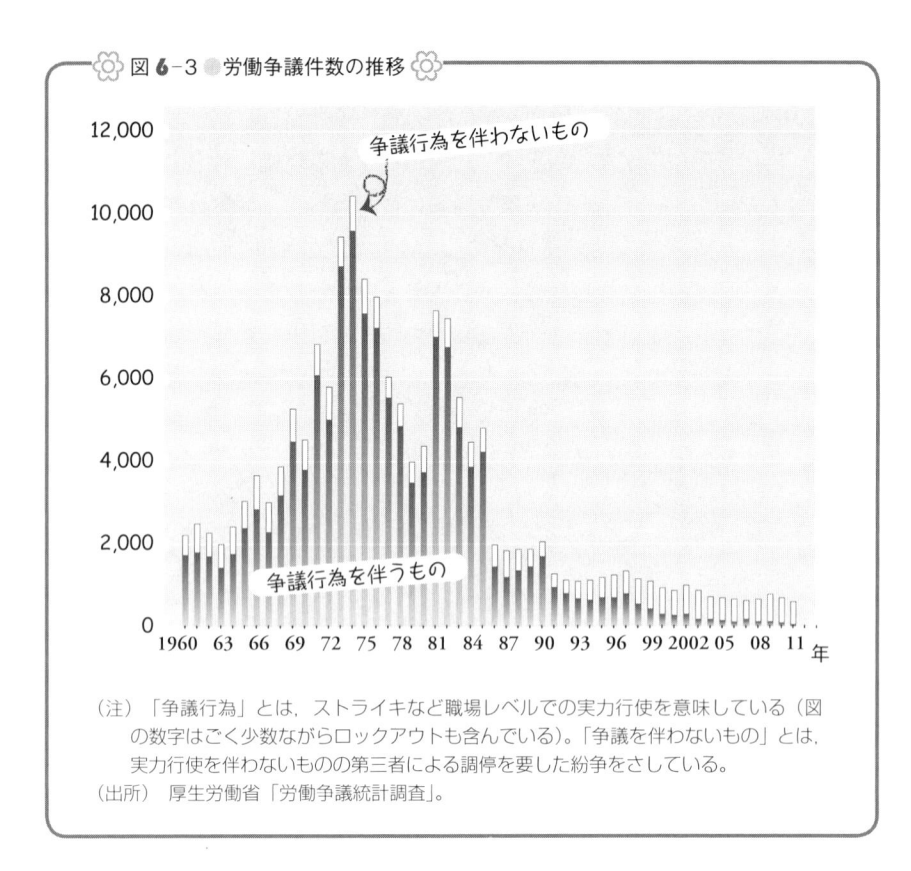

争議行為を伴わないもの

争議行為を伴うもの

(注)「争議行為」とは，ストライキなど職場レベルでの実力行使を意味している（図の数字はごく少数ながらロックアウトも含んでいる）。「争議を伴わないもの」とは，実力行使を伴わないものの第三者による調停を要した紛争をさしている。
(出所) 厚生労働省「労働争議統計調査」。

に出てしまえば，そこは労働組合がみずから求めたとおり，貧弱な失業保険があるにすぎない。もともと外部労働市場は未発達だから，失業だけはすまいとますます企業にしがみつくことが合理性をもつ労働市場の構造になってしまった。表6-1は，こうした環境で進んだ日本の労働者の定着志向を示している。1955年から10年ごとに各年代の人たちが，どれくらいの数の企業を経験しているかをまとめたものである。1975年以降で明確な定着志向が認められるし，1965年に20代だった世代が，その後ももっとも安定したキャリアを歩んだことがわかる。

この頃の闘争による皮肉な結末でもう1つ大事なことは，外に出ることの難しくなった職場社会で，労働者（労働組合）が影響力を失っていってしまったことである。経済が危機にあるという認識が広まり，企業の生き残りに協力

表 6-1 ●年齢階層別経験企業数

調査年次／年齢	1955	1965	1975	1985	1995	2005
20-30	1.81	1.72	1.74	1.58	1.74	1.89
31-40	2.51	2.15	2.14	1.99	1.98	2.27
41-50	2.74	2.85	2.34	2.23	2.29	2.39
51-60	2.46	2.78	2.59	2.36	2.45	2.61
61-70	2.25	2.95	2.87	2.93	2.64	2.74
計	2.35	2.37	2.23	2.16	2.24	2.46

(注) データは就業経験をもつ男性のみ。SSM（社会階層と社会移動全国調査）1955 から SSM1995 までの数値は原・盛山（1999:94），SSM2005 の数値は林・佐藤（2011）に基づく。数値は単純に経験企業数を集計したものであり，出向や転籍といった，企業の枠をまたぐものの終身雇用慣行の一部と呼ぶべき移動パターンとその他の外部労働移動を区別していない。網掛けされた部分は，それぞれの年齢層で相対的に移動が少ない調査年次（下位 3 年次）を示している。
(出所) 今井（2013）。

することがまず重要だという考え方が力をもっていく。もともと個別企業の事情に左右されやすい企業別の労働組合は，この論理に対抗するすべがなかった。1985 年のプラザ合意以降の円高不況などの影響で，この論理はますます正当性を強めていった。その結果，いまの職場社会を特徴づけるような以下の事態が，明確に進展した。まず第 1 に，賃金の能力主義化があげられる。賃金決定に対して年齢が大きな意味をもっていると，企業にとっては硬直性の原因となる。企業業績の浮き沈みに合わせて賃金の原資を増減することや，できる社員とできない社員の間に差をつけることは，賃金制度のなかにフレキシビリティをつくりだすことにつながる（これがいまの成果主義につながっている）。もう 1 点は，配転・転勤・出向などに対する経営の自由裁量の拡大である。これはすでに説明したとおりのフレキシビリティの形態であるが，これを積極的に受け入れていくことこそが労使「協調」の内実であった。

3 日本的経営のフレキシビリティ

アメリカとの比較

さて，ここまでフレキシビリティという概念に着目しながら，日本の戦後の労使関係史をごく簡単にまとめてきた。この節では，こうした歴史的過程を経てつくられた企業のフレキシビリティを，日本とは対照的なアメリカのケースと簡単に比較し，それが労働者個人によってどのように経験されるのか改めてまとめてみよう。

アメリカの雇用関係は，日本とは対照的に市場主義的だといわれている。企業は，採用・解雇に高い自由度をもっていて，経費の節減や，これまでと異なる技能・能力の必要に対して，きわめて柔軟に対応することができる。アメリカの企業が比較的簡単に労働者を解雇できるということは，余分になった労働力や，時代遅れの技能しかもたない労働者を切り離し，新しく必要な能力を，すぐさま外部労働市場から買い求めることができることを意味している（図6-4）。

日本の雇用関係は，アメリカよりも市場性がだいぶ低いといわれている。とくに解雇が難しいので，必要なくなった「労働力・技能の切り離し」が難しかった。アメリカの企業と同じ市場で争おうとすれば，同じ程度のフレキシビリティを別の方法で発揮しなければならない。機能的フレキシビリティを例にとれば，それは内部移動によって達成されている。異動やローテーションの決定に対して企業が高い自由度をもっており，従業員を比較的自由に，新たに必要となった職務に移すことができる。移された労働者が必死になって勉強してくれれば，新たに人を雇わなくても機能的フレキシビリティは達成できる，というわけだ（図6-5）。

それでは，日本企業はどのようにして数量的フレキシビリティを達成しているのだろうか。解雇ができないので，労働者の数を調整するためには，採用を制限することが唯一可能な方法であろう。しかし，もっともメジャーな方法は，労働者の数ではなくその労働時間を調整することである。日本の労働者の時間外労働は，景気の循環に合わせ，好景気のときに長く，不況のときに短くなる

図 6-4 アメリカにおける数量的・機能的フレキシビリティの達成

市場環境の変化

数量的・機能的フレキシビリティの達成

いらなくなった労働力・技能の切り離し

外部労働市場

必要な労働力・技能の獲得

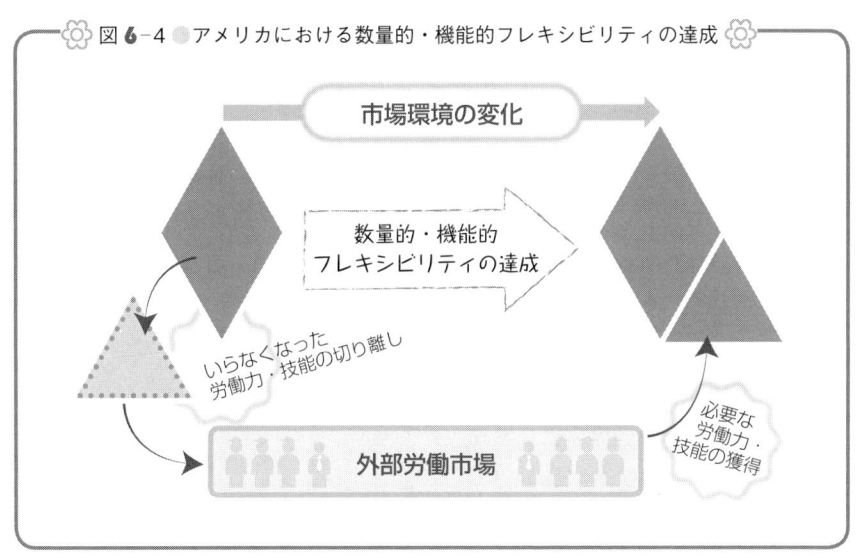

図 6-5 日本における機能的フレキシビリティの達成

市場環境の変化

機能的フレキシビリティの達成

内部の移動による新技能習得

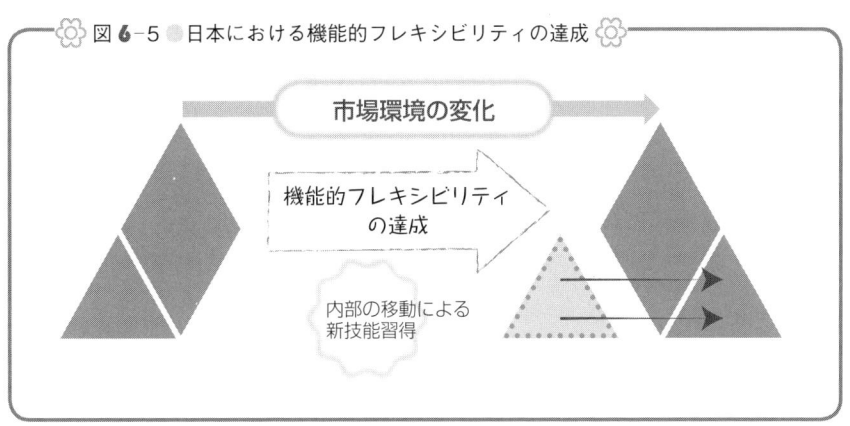

傾向が明瞭だ (Dore 1986)。日本企業は，好況時に新しく人を雇うよりは，いまいる従業員の労働時間を長くすることで生産の増大に対応しているし，そうしておけば不況時に人を切らずに労働時間だけ短くすれば，生産の減少に対応できる。

誰が有能か

このように，企業がフレキシビリティを達成する方法は社会によって異なっている。そして，それに対

応して，私たちのキャリアや求められる能力も異なってくる。図6-4と図6-5を個人の立場から見直してみよう。アメリカでは，明確に定義された仕事の内容に対して，即戦力としてそれをこなす労働者が評価されるだろう。一方で彼らは，フレキシビリティに対して企業がもつ大きな裁量権に対して，ほとんどなすすべがない。すなわち，自分の担当する職務が会社にとって不要になれば，労働者は比較的簡単に解雇されてしまう。個人主義が尊ばれる社会で，個人が企業の都合に合わせるような慣習は発達していないが，だからといって労働者サイドが企業をコントロールできるわけではない。労働者にできることは，みずからの技能をつねに自分の責任でアップデートすること，そして解雇された場合は次の仕事を自分の責任で探すことであろう。そんな社会では，多くの人とつながっていることが結局自分の身を助けることが多く，アメリカ社会に生きる人びとはネットワークを広げることに熱心だし，それが必要だと小さい頃から教わっている（ブリントン 2008）。

　日本の労働者の雇用は比較的よく守られてきた。だから企業は労働者の内部移動や労働時間の調整によって，環境の変化に対応しようとする。であれば，企業のこうした要請を素直に受け入れることや新たな職務についての学習能力が高いことが，日本企業ではハイパフォーマーだとされるであろう。新卒採用の学生に，日本企業はどんな資質を求めているのだろうか。とくにアメリカの例と対比すれば，その違いはおのずと明らかだろう。専門的で狭い領域における自分の能力に固執する人はアメリカで評価されるだろう。日本では，新しい職務について学習し続けることのできる人，自分の事情よりも企業の事情を忖度（そんたく）して行動できる人のほうが好まれただろう。これはどちらが優れているというよりも，同じように高度な資本主義社会であっても，競争力をつくりだす仕組みがまったく異なるということがありえるということを示している。

　しかし，こうした仕組みの背後に，労使の権力関係が潜んでいることを確認することが重要だ。とくに，1970年代から80年代にかけて企業の生き残りこそが最重要課題となり，労働者の都合は企業の都合に従属するという考え方が「常識」となっていったことの意味は大きい。企業の事情のためには労働者は単身赴任を受け入れ，新たに与えられた仕事になるべく早く慣れなければならず，シフトする労働時間に対応しようとする。いずれも企業の都合に対して，

自分の生活を柔軟に変化させることを伴っている。これらの能力は,「フレキシブルな能力」であるとか,それを発揮するには自分の生活を企業の都合に従属させなければならないことから「生活態度としての能力」などと呼ばれてきた（熊沢 1997）。

労働者の強いコミットメントを動員できるようになったことで,これらの対応策は効率よく実現できるようになったといえる。こうした日本の労働者の働きぶりは,有能であればあるほど企業に従属しているように見えるだろう。この頃,「会社人間」であるとか「エコノミック・アニマル」といった,彼らを揶揄する言葉が生まれたのは,偶然ではない。

4 外部労働市場の拡大へ

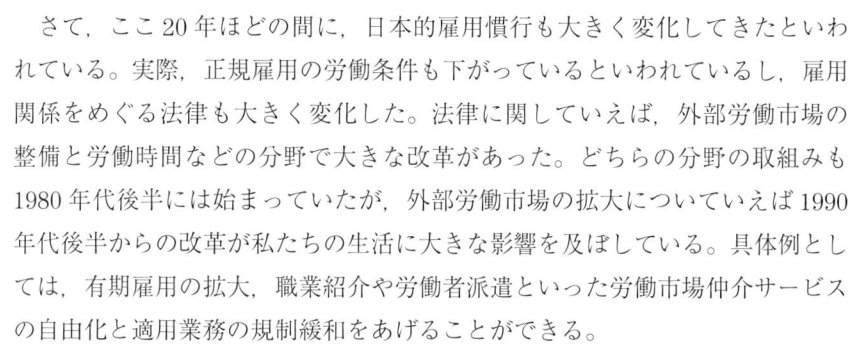

さて,ここ 20 年ほどの間に,日本的雇用慣行も大きく変化してきたといわれている。実際,正規雇用の労働条件も下がっているといわれているし,雇用関係をめぐる法律も大きく変化した。法律に関していえば,外部労働市場の整備と労働時間などの分野で大きな改革があった。どちらの分野の取組みも 1980 年代後半には始まっていたが,外部労働市場の拡大についていえば 1990 年代後半からの改革が私たちの生活に大きな影響を及ぼしている。具体例としては,有期雇用の拡大,職業紹介や労働者派遣といった労働市場仲介サービスの自由化と適用業務の規制緩和をあげることができる。

これらの改革を受けて,さまざまな非正規雇用形態が急拡大した。いまや被雇用者の 35％が非正規雇用者として働いているし,女性にいたってはすでに正規よりも非正規で働く人のほうが多いのが実態である。非正規という雇われ方は,一般に不安定で賃金が安く,本来市民のすべてに対して開かれていなければならない社会保障への十全な加入が実現していないなど,多くの問題を抱えている。

むろん,非正規雇用という働き方には,抗しがたい魅力があるのも事実だ。実際,非正規で働いている人にその理由を聞くと,「正社員としての仕事が見つけられなかった」という人（たくさんいるのだが）を除けば,「好きな勤務地,

表 6-2 非正規社員を活用する理由
(％，3つまでの複数回答)

	契約社員	派遣労働者	パート労働者
1	専門的業務に対応するため (41.7)	即戦力・能力のある人材を確保するため (30.6)	賃金の節約のため (47.2)
2	即戦力・能力のある人材を確保するため (37.3)	専門的業務に対応するため (27.0)	1日，週の中の仕事の繁閑に対応するため (41.2)
3	賃金の節約のため (30.3)	景気変動に応じて雇用量を調整するため (24.7)	賃金以外の労務コストの節約のため (30.8)

(出所) 厚生労働省 (2004, 2008, 2011)。

勤務期間，勤務時間を選べる」「私生活（家庭・趣味・看護・介護）との両立が図れる」「働きたい仕事内容を選べる」といった回答が返ってくる。正社員をしていると実現しがたいさまざまな個人の希望が，非正規雇用ではかなえられる可能性があると考えられているわけだ。

これらいわゆる非正規の働き方が，私たちの希望を反映しながら形成されてきたのならば，それは望ましい変化であるといえるだろう。しかし，先に指摘した非正規雇用の多くの欠点は，彼らの利害を代弁してくれる主体がなかったことに原因がある。非正規雇用の拡大もまたフレキシビリティをめぐる労使関係史の続編として理解すべきであり，その拡大は基本的に経営者が労働者を圧倒していることを示している。

1つの例として労働者派遣をとりあげてみよう。労働者派遣のような外部労働市場の仕組みは，間に入る業者が中間搾取をする可能性があるという理由で，戦後ずっと禁止されてきた。合法化されたのは，ようやく1987年のことだ。合法化されたあとも，基本的にはその適用は厳しく制限されてきた。具体的にいうと，それは機械設計，ITシステム開発，放送機器の操作や通訳など，特定の業務でのみ認められてきた。1990年代後半の規制緩和は，労働者派遣をしてもよい業務を限定列挙していたのを，原則自由だが，派遣してはいけない

業務だけをリストする方式に替える大掛かりなものだった。労働者派遣法の成立そのものは経営者の希望だったわけではないが，1990年代後半以降の規制緩和では，経営側の影響力が大きかった。そしてそのとき，既存の労働組合は正社員の権利を守ることのみに汲々とし，有効な対抗戦略をもてなかったのだ。だから結局，日本の外部労働市場というのは，労働組合の影響が及ばず，経営者にとって都合のよい労働者を供出する場所になってしまった。

外部労働市場が新しく拡大したことで，経営者は新しいフレキシビリティの源を手に入れた。その時々に必要な能力を買ってくることもできるし，ごくごく短期の労働力の調節も意のままにできるようになった。非正規雇用のバリエーションが増えたので，自分たちのニーズに応じて，それぞれ使い分けている。表6-2によれば，数量的フレキシビリティはパート労働者の利用によって，機能的フレキシビリティは契約社員や派遣労働者の採用・解雇で実現している様子が見て取れる。

2008年秋に世界経済を襲った危機に際して，日本企業は新たに手に入れたフレキシビリティを存分に活用した。生産ラインで利用していた派遣サービスの契約を解除したことで，大量の派遣労働者が職を失ったのである。派遣切りによって，その年末に「派遣村」がニュースになったのを覚えていないだろうか。むろん先にも述べたとおり，正社員の世界と縁を切って生活したい人にとって，非正規雇用は選択肢の1つとなっている。しかし，自律的なキャリアを歩みたいと思っている人にとって，それは著しく厳しい世界を選ぶことだといわなければならない。

今井 順

参・考・文・献

今井順，2013，「雇用改革とキャリア――日本における雇用の多様化と『生き方』をめぐる労働者の葛藤」田中洋美／ゴツィック，M.／岩田ワイケナント，K.編『ライフコー

ス選択のゆくえ――日本とドイツの仕事・家族・住まい』新曜社, 50-73。
熊沢誠, 1997,『能力主義と企業社会』岩波書店。
厚生労働省, 2004, 2008, 2011,「就業形態の多様化に関する総合実態調査」(平成 15 年・19 年・22 年)。
厚生労働省,「労働組合基礎調査」(時系列表),「労働争議統計調査」(時系列表)。
中小企業庁, 2011,『中小企業白書 (2011 年版)』。
林雄亮・佐藤嘉倫, 2011,「流動化する労働市場と不平等――非正規雇用をめぐる職業キャリアの分析」盛山和夫・片瀬一男・神林博史・三輪哲編『日本の社会階層とそのメカニズム――不平等を問い直す』白桃書房, 35-60。
原純輔・盛山和夫, 1999,『社会階層――豊かさの中の不平等』東京大学出版会。
ブリントン, M. C. (池村千秋訳), 2008,『失われた場を探して――ロストジェネレーションの社会学』NTT 出版。
Dore, R., 1986, *Flexible Rigidities: Industrial Policy and Structural Adjustment in the Japanese Economy 1970-80*, The Athlone Press.

Reference

ワークシート ❻　身近な大人に聞いてみよう

人生の先輩たちは，この章に書かれているような歴史をどのように経験しているのだろうか。

　この章では，働くということについて，自分のキャリアやそこで求められる能力に着目し，それらが労使関係という関係性のなかで決まっていることを強調してきた。むろん本章の記述は，過度に単純化してある。しかし，この章ではまず，フレキシビリティをめぐる労使の交渉を取り上げ，これから就職する皆さんが経験するであろう世界を，あくまで相手のある世界として素描することをめざした。仕事の世界の立ち現れ方，皆さんのキャリア，求められる能力，そういったことすべてが，労使の関係性のなかで形づくられてきた側面があることを理解してもらえたのではないだろうか。より詳しくこの間の歴史について勉強したければ，参考文献にもあげた熊沢誠『能力主義と企業社会』をぜひ手に取ってほしい。新書で読みやすく，しかし労使の歴史をきちんとたどることができるだろう。

　この章の最後に，こうした歴史のなかを生きてきた人たちに，その経験を聞いてもらうことを課題として提示したい。皆さんのご両親や祖父母の皆さんは，まさにこの章で簡単に紹介した歴史を経験している。彼らの年齢を思い出して，表 ❻-1 に当てはめてみてほしい。何歳のときにどんなことがあり，雇用関係がどんな状態にあったのか，具体的な話が聞けるかもしれない。話の糸口となるような質問を以下に列挙しておく。ぜひ日本的雇用慣行の歴史について，生の話を聞いてもらいたい。

● WORK ● 1

転職したことがあるか。なぜしたのか。なぜしなかったのか。

● WORK ● 2

ローテーションや配転，転勤などの決定に対して，どれくらい自分の希望がいえたか。若い頃と年を取ってからで，その程度が変わったか。

●WORK●3

会社勤めをしていて,「できる人」とはどんな人だったか。

●WORK●4

労働組合はどんな活動をしていたか。役に立っていると思っていたか。昔といまで, どう変わったと思うか。

●WORK●5

非正規雇用の人たちの給料が低いのは仕方がないと思うか。そうだと思うなら，それはなぜか。

先輩からのメッセージ③

名前：可児佳代子（かに・かよこ）
職業：ベビーシッター事業経営
年齢：32歳，社会人10年目
学歴：2004年 大学卒業

Message

　私は大学を卒業後，まず化粧品会社に営業職として勤務し，飛び込みの営業も行いました。最初は手探りでしたが，信頼していただける自分を育てることで売り上げを伸ばすことができました。その後，もっとファッションに関連した仕事をしたいと思い，イギリスのカレッジでファッションビジネスを学び，パリのオートクチュールデザイナーのもとで本場のファッションに携わりました。帰国後はアパレルの会社でブランドマネージャーを務めました。そして，結婚・出産していくなかでどう働いていくかを考え，2009年に大学時代の友人とベビーシッター業務の事業を立ち上げました。経営者として働くことは大変ですが，大学時代にベビーシッターのアルバイトをしていた経験をいかすとともに，子育てと働くことを両立できる1つの方法であったと思っています。

　学生の皆さんに伝えたいことの1つは「お金の価値を理解すること」です。自分の手元にあるお金は，自分と周りをいかすものという認識をもち，有効な使い方をすることを早くから身につけておくと自分の成長によりつながります。私自身の反省でもありますが，①知識をつけること，②感性を磨くこと，③人脈を広げること，にもっとお金を使うべきでした。毎月のお小遣いの○％は自分の成長につながることに使うと決めておくといいと思います。

　次に「よい仲間がいると自分も楽しく成長できる」ということです。「会うことで成長できる関係」は大切です。精神的に安心するということ，やる気をおこすということも含みます。成長している仲間は，自分の国や世界への貢献を普通に考えていますから，そんな仲間の姿をみて刺激を受け，自分にできることを考え，勉強するようになります。さらに同じ気持ちをもった人たちが集まるようになり，良い連鎖が起きます。「会うことで成長できる関係」をぜひ育ててください。

　最後に女子の学生にお伝えしたいことがあります。いまこそ，「賢い」女性をめざしてください。「賢い女性」とは何か。私は，「人を感動させること，人の心を動かすことができる人」だと思います。見た目のかわいらしさ，美しさに興味をもつのもいいことですが，若いときこそ，人の心に響く言葉・態度・行いの経験を積むことで，皆さんはもっと輝くだろうと確信しています。そして，自分への自信を深め，人と比べない自分自身をもつことができ，社会への貢献を考え，人を助ける行動に移せる自分になっていくのだと思います。

第7章

ワーク・ライフ・バランス

なぜいま,「ワーク・ライフ・バランス」が求められているのだろうか。その意味と由来,育児期の男女の働き方の違い,「イクメン」と働き方の改革などから考えてみよう。

1 ワーク・ライフ・バランスとは何か

　ワーク・ライフ・バランス（Work-Life Balance）」は，日本語では「仕事と生活の調和（両立）」と訳されている。この言葉を聞いたことがある人なら，育児休業などの仕事と育児の両立支援をまっ先に思いつくのではないだろうか。間違いではないが，ワーク・ライフ・バランスの意味する範囲はもっと広い。また，「バランス」という言葉のもつ日本語のイメージから，「仕事と生活のどちらをとるか？」といった二者択一や，仕事と仕事以外の生活に割く時間を半々にするといったイメージをもつ人もいるかもしれないが，それは間違いである。そうした誤解を防ぐためか，日本語では，「バランス」を「調和（両立）」と訳している（両立と調和はほぼ同じ意味だが，両立は2つのことが対立した状態でのバランスを問う場面で使われ，調和は3つ以上のことが対立した状態でのバランスを問う場面で使われる〔労働政策研究・研修機構編 2007: 8〕。よって，「仕事と育児の両立」とはよくいうが，「仕事と育児の調和」とはあまりいわない）。

　日本の内閣府が発表している「仕事と生活の調和（ワーク・ライフ・バランス）憲章」では，ワーク・ライフ・バランスが実現した社会とは，「国民一人ひとりがやりがいや充実感を持ちながら働き，仕事上の責任を果たすとともに，家庭や地域生活などにおいても，子育て期，中高年期といった人生の各段階に応じて多様な生き方が選択・実現できる」状態だと定義している（内閣府 2007）。

　つまり，ワーク・ライフ・バランスとは働くすべての人びとが「仕事」と育児や介護，趣味や学習，休養，地域活動といった「仕事以外の生活」との調和をとり，その両方を充実させる働き方や生き方のことである。単に仕事と仕事以外の生活に割く時間を半々にするということでない。仕事と生活のうちどこに重点を置きたいかはその人の生き方，働き方によって異なるし，子育て期，中高年期といった人生の各段階に応じても変わってくる。よって，それぞれの人の置かれた状況に応じて仕事と生活のバランスをとれるような社会にすることで，自分の事情に合わせて働くことのできるような，多様性に対応できる社会にしようということである。

学生の皆さんには「学業と部活のバランス（両立）」の「社会人版」がワーク・ライフ・バランスだと考えると，ワーク・ライフ・バランスの本質を理解するのに役立つかもしれない。なぜ学生時代に学業と部活の両立を図る必要があるのか。どちらかに集中したほうがより成果をあげられるのではないか。

　その理由は，いろいろな活動を通して充実した学生生活を送ることを学ぶということだろう。むろん，一時的にはどちらかにより専念しなければならないことはあるのだが，それでも両方をやっていこうという考え方である。また，一方に集中しては得られないような相乗効果も期待されている。「学業と部活のバランス（両立）」は将来大人になったときの生き方を先取りして学んでいるといえなくもない。

　ワーク・ライフ・バランスの考え方も，両方を求めていく，その相乗効果をねらうという点では，基本的には同じだといえる。ワーク・ライフ・バランスをめざすということは，仕事と仕事以外の生活の片方だけでなく，両方をうまくバランスをとってやっていこうとすることである。現実には，仕事と仕事以外の生活のバランスをとることは不可能に近いから，そういう指向性をもってやっていくということがこの考え方の核心である。

ワーク・ライフ・バランスの由来　　ワーク・ライフ・バランスという考え方はどこからきているのか。その由来の1つは，アメリカのファミリー・フレンドリー・プログラムである。これは主に，企業と従業員という視点からみたワーク・ライフ・バランスである。

　アメリカでは，「家庭は個人の領域」で国が関わらないという考え方が強く，保育も全国に一律の制度はないし，育児休業も年間で12週間の無給休暇が法律で定められているだけで，法的な両立支援制度が十分に整備されていない。しかし，結婚・育児のために優秀な女性従業員が辞めてしまうことは企業にとってマイナスとなるという考えから，1980年代に，企業が自主的に育児支援を中心に従業員の家庭生活に配慮した「ファミリー・フレンドリー」な就業環境を整備し始めた。1990年代に入ると，子どものいない従業員のニーズにも応えていく必要があるということで，従業員のプライベートな生活全般にも範囲を広げてワーク・ライフ・バランスとなった。これがワーク・ライフ・

バランスの直接の由来であると説明している本も多い。

　他方，ワーク・ライフ・バランスという考え方の由来のもう1つは，ヨーロッパ（EU）発の男女の雇用の「均等」の考え方である。これは，男性と女性という視点，家族という視点からみたワーク・ライフ・バランスであり，より正確にいうと，「仕事（ワーク）と家庭生活（ファミリー・ライフ）の調和」という。

　先ほど，ワーク・ライフ・バランスの「ワーク」とは「仕事」，「ライフ」は育児や介護，趣味や学習，休養，地域活動といった「仕事以外の生活」をさしていると説明した。いいかえると，ワーク＝仕事とは，働いてお金をもらえる有償労働であり，育児や介護など仕事以外のライフは，家庭のなかで行っていれば働いてもお金をもらえない無償労働である。個人の人生や家族にとって，あるいは社会にとっても，有償労働も無償労働も大事な価値ある労働であるはずである。

　ところが，資本主義社会の発展過程で，労働は有償労働と無償労働に明確に二分され，前者が男性に，後者が女性に割り当てられてきた。「夫が家庭の外で働き，無職の妻が家庭で家事・育児・介護に専念する」という性別役割分業の図式が一般的に成立するようになる。そのほうが，資本主義社会での利潤と効率追求のために，一時期には効率的であったからである。さらに，有償労働のほうが無償労働より価値がある労働とみなされるようになった。

　1970年代，ヨーロッパ諸国でも女性の社会進出が徐々に進み，賃金格差の是正を目標とした，雇用における男女の均等を確立しようとする政策が進められた。これまで有償労働を主に担ってきた男性と同じように，女性も有償労働できるようにしようという動きだった。その後，無償労働も有償労働と同じ価値があるものと見直す視点から，これまで主に女性が担ってきた無償労働を男性も担うべきだという考えが出てくる。結果，有償労働も無償労働もともに男女でシェアすべきという考えとなった。

　1981年ILO（国際労働機関）で採択された「家族責任を有する男女労働者の機会及び待遇の均等に関する条約」（ILO156号条約）では，家族責任の遂行を男女の労働者の権利として規定したという点で画期的であった。家族責任とは，働く男女に対して親としての責任と権利を認めるとともに，それができるよう

に国,企業,労働組合などに求めるもので,男女がともに仕事をもって個人として自立することを前提に,家庭生活,とくに出産・育児の環境を整備しようとする考え方である。この仕事と家庭生活の調和という考え方には,子育てを親と社会(国,企業,労働組合など)の共同責任とするとともに,個人の自立とそれらの連帯および男女平等が根底にある。

さらにいえば,「生きる」ということは,生活と仕事を切り離しては成り立たない。仕事と家庭生活の調和には,「男は仕事,女は家庭」という性別役割分業によって分断された仕事と生活という二者択一から,生きることの豊かさを取り戻すという意味が込められている。

以上,ワーク・ライフ・バランスの由来から考えてみると,ワーク・ライフ・バランスを進めていくうえでは,「ファミリー・フレンドリー(両立支援)」と「均等」の両方を,両輪で進めていくことが大切であるといえるだろう。

性別役割分業型社会からワーク・ライフ・バランス型社会へ

こうした欧米の動きから日本に目を転じて,性別役割分業と関連づけて,具体的に,ワーク・ライフ・バランスについて考えてみよう。

日本はこれまで,夫婦間では「夫は仕事,妻は家事・育児」のような性別役割分業の考え方で,社会の仕組みをつくってやってきた。経済成長するうえで,一時期はそのやり方は効率的な側面があったのだが,そのままでは社会の変化に対応できなくなった,あるいは将来の起こりうる変化に対応できなくなっている。

この間の社会の変化の重要な1つとして,欧米と同様に,女性の社会進出が進んだことがあげられる。たとえば,1990年代に入ると,「雇用者の共稼ぎ世帯」が「男性雇用者と無業の妻からなる世帯(専業主婦世帯)」を上回るようになり,雇用者世帯の過半数を占めるようになった。いわゆる「夫は仕事,妻は家事・育児」というスタイルの家族は,雇用者世帯では半分以上がそうではなくなっている。しかし,社会全体の仕組みや,多くの人びとの考え方には,まだ性別役割分業に基づくところが大きく,その枠内で何とか社会の変化に対応しようとしてきた。

そのため,「夫は仕事,妻は家事・育児」のスタイルではない家族,たとえば,

子育て中の共稼ぎの家族やひとり親の家族には，大きな負担がかかってしまい，それが大きな問題となっている。また，未婚化・晩婚化，少子化も進んでいる。これらの問題にも性別役割分業ではなく，ワーク・ライフ・バランスの考え方のほうが時代にあっていると考えられている。つまり，そうした社会の多様化に，性別役割分業の考え方ではついていけなくなっており，ワーク・ライフ・バランスの考え方のほうがより柔軟に対応できるというわけである。

　ワーク・ライフ・バランスの考え方では，専業主婦型の家族には不利になるように思われるかもしれないが，けっしてそうではない。性別役割分業型のやり方では，女性だけに，家事・育児・介護の負担や責任がかかって，それが大きなストレスとなっていた。男性がワーク・ライフ・バランスの考え方を取り入れて，その責任や負担を少しでも男女で共有すれば，女性のストレスは多少なりとも軽減されるはずである。また，ワーク・ライフ・バランス型の社会がつくられていけば，一時的に専業主婦になっても，再就職する機会は性別役割分業型の社会よりはずっと多くなるはずである。

　男性も性別役割分業型のやり方で，一家の大黒柱として仕事だけに没頭した結果，家族のなかに自分の居場所がなくなったり，仕事上のストレスを抱え込んで，病気になってしまったりすることがある。ワーク・ライフ・バランスの考え方を取り入れて，仕事以外の生活に目を向けるようになれば，そうしたことを防ぐことにもなる。

　日本は，いままさに，ワーク・ライフ・バランス型社会へ移行が迫られているのである。

2　男女で異なる働き方

30歳のときどのように働いているだろうか

　皆さんは自分が30歳になったとき，どのように働いているか想像できるだろうか。おそらく男性のほうがイメージしやすいはずで，きっとバリバリ働いている（はず）。女性は少し考えることが多いかもしれない。結婚しているのか，子どもがいるのか，何歳の子どもがいるのかによって働き方が変わってくるからである。もちろん，

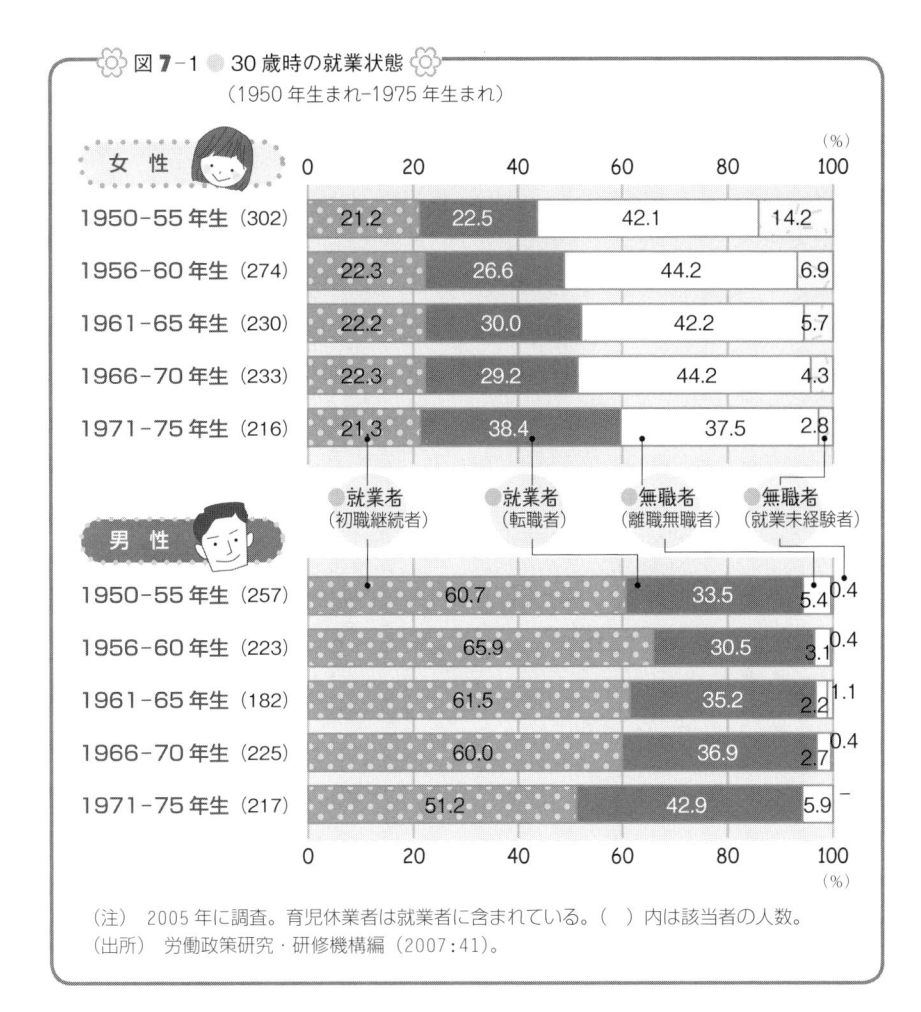

図 7-1 ● 30 歳時の就業状態
（1950 年生まれ-1975 年生まれ）

女性

年代	就業者（初職継続者）	就業者（転職者）	無職者（離職無職者）	無職者（就業未経験者）
1950-55 年生 (302)	21.2	22.5	42.1	14.2
1956-60 年生 (274)	22.3	26.6	44.2	6.9
1961-65 年生 (230)	22.2	30.0	42.2	5.7
1966-70 年生 (233)	22.3	29.2	44.2	4.3
1971-75 年生 (216)	21.3	38.4	37.5	2.8

男性

年代	就業者（初職継続者）	就業者（転職者）	無職者（離職無職者）	無職者（就業未経験者）
1950-55 年生 (257)	60.7	33.5	5.4	0.4
1956-60 年生 (223)	65.9	30.5	3.1	0.4
1961-65 年生 (182)	61.5	35.2	2.2	1.1
1966-70 年生 (225)	60.0	36.9	2.7	0.4
1971-75 年生 (217)	51.2	42.9	5.9	－

（注）2005 年に調査。育児休業者は就業者に含まれている。（ ）内は該当者の人数。
（出所）労働政策研究・研修機構編（2007:41）。

そんなこと関係なくバリバリ働いている（はず）という人もいるだろう。

　日本では，男女で 30 歳時点の働き方は大きく違っているというのが現実である。図 7-1 は，1950-75 年生まれの人びとが 30 歳時点で，学校を卒業してはじめてついた職（初職）を続けているか（就業者・初職継続者），転職しているか（就業者・転職者），辞めているか（無職者・離職無職者），あるいは一度も 30 歳まで働いたことがないか（無職者・就業未経験者）を，男女別・年代別（約 5 年刻み）で集計したものである。

　全体として，初職を 30 歳まで継続している「初職継続者」は，女性では約

20％，男性では約60％と，どの年代でも男女間の差は大きい。

　30歳までに男性の約60％は初職を継続して，約35％は転職して仕事を続けている。女性は約20％が初職を継続し，20～40％が転職して仕事を続け，約40％が仕事を辞めて無職になる，というパターンは年代が若くなっても大きな変化がみられない（ただし，若い年代では「転職者」が増えており，変化の兆しが見え始めている）。いったいなぜ男女でこのような大きな違いが生じているのだろうか。

女性は出産までに仕事を辞めている　図7-1は，未婚の人，子どもがいない人，子どもがいる人もすべて含まれているが，図7-2は，第1子が誕生した人たちだけで，第1子誕生年1年後に，図7-1と同じように，どうなっているかを集計した結果である。

　仕事を辞めて無職になった人（離職無職者）に着目すると，女性はどの年代でも割合が高く，就業未経験者と合わせた無職者は70％台となる。また，むしろ若い年代（「1966-70年生」や「1971-75年生」）のほうが，離職無職者の比率が高くなっている（この原因ははっきりとはわからないが，未婚化・晩婚化の影響と考えられる。とくに「1966-70年生」や「1971-75年生」では，調査年2005年以降に結婚，出産する人が集計に含まれておらず，まだ未婚や子どもがいない人が多い。この人たちは，早くに結婚・出産した人より，結婚・出産して仕事を継続する率が高いかもしれない）。

　一方で，日本の女性の育児休業取得率は90％近くある。それなのに，なぜこんなに出産前に辞めてしまう女性が多い結果になるのだろうか。多くの人が誤解しているが，女性の育児休業取得率が高くなることと，女性の就業継続率が高くなることは，まったく別のことである。育児休業取得率は，「出産者のうち，調査時点までに育児休業を開始した者の数」を「調査前年度1年間の出産者の数（男性の場合は配偶者が出産した者）」で割ったものである。つまり，分母となる出産者の数とは，出産したときに企業に在籍していた人だけである。調査時に社員として在籍していない人は調査結果に含まれていない。出産前に会社を辞めてしまった人は分母に入っていない。働き続けるつもりの人のなかで育児休業を取っている人が90％いるのだが，その前に60～70％の女性が

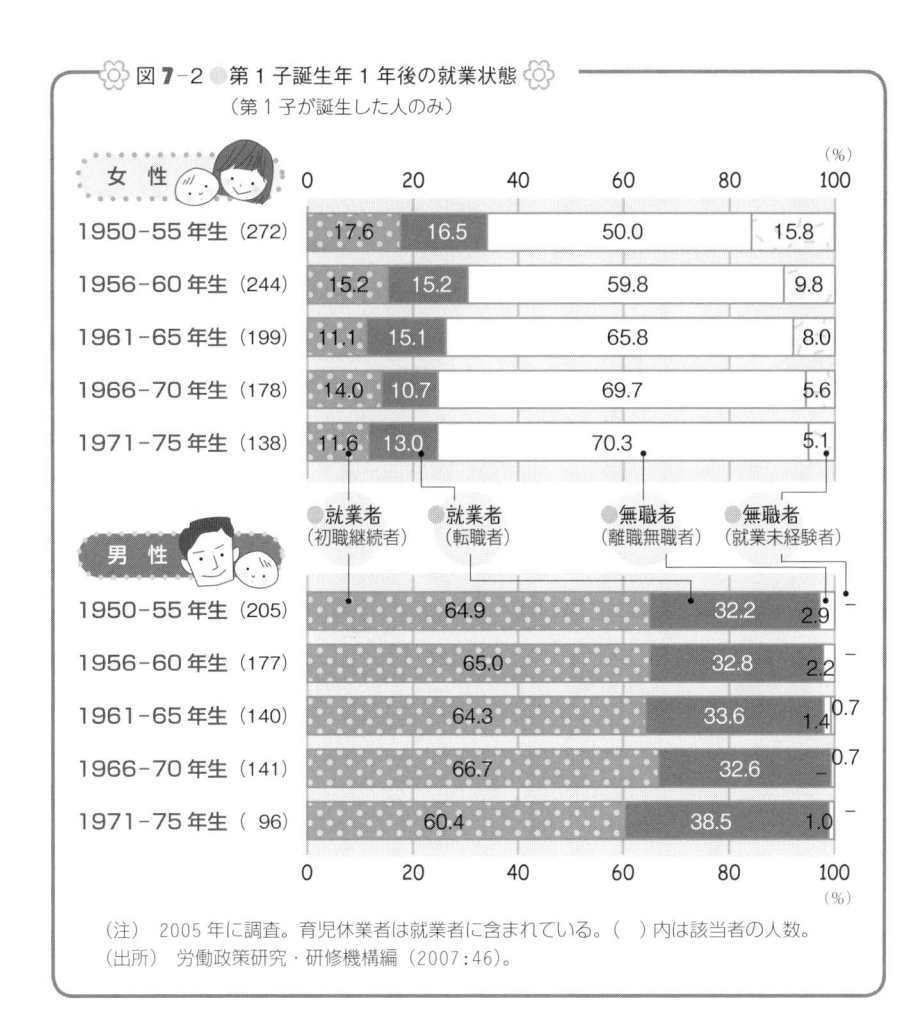

図 7-2 ● 第1子誕生年1年後の就業状態
（第1子が誕生した人のみ）

女性

出生年	就業者(初職継続者)	就業者(転職者)	無職者(離職無職者)	無職者(就業未経験者)
1950-55年生 (272)	17.6	16.5	50.0	15.8
1956-60年生 (244)	15.2	15.2	59.8	9.8
1961-65年生 (199)	11.1	15.1	65.8	8.0
1966-70年生 (178)	14.0	10.7	69.7	5.6
1971-75年生 (138)	11.6	13.0	70.3	5.1

男性

出生年	就業者(初職継続者)	就業者(転職者)	無職者(離職無職者)	無職者(就業未経験者)
1950-55年生 (205)	64.9		32.2	2.9
1956-60年生 (177)	65.0		32.8	2.2
1961-65年生 (140)	64.3		33.6	1.4 / 0.7
1966-70年生 (141)	66.7		32.6	– / 0.7
1971-75年生 (96)	60.4		38.5	1.0

（注） 2005年に調査。育児休業者は就業者に含まれている。（ ）内は該当者の人数。
（出所） 労働政策研究・研修機構編（2007：46）。

辞めているということである。

　図 7-2 に戻ると，女性は出産前までに多くが仕事を辞めるというパターンがあり，他方これは当たり前のことに思うかもしれないが，男性は子どもの誕生による影響を受けないというパターンがある。これらは戦後一貫して変わっていないことがはっきりとわかる。

　最初にも書いたように，ワーク・ライフ・バランスが女性の仕事と育児の両立支援のことだと思っている人は多いと思うが，ワーク・ライフ・バランスに

関して一番困っているのは女性であることは間違いない。出産や育児によって，働き続けたくても働くことができない，職場の仕事と育児の両立支援策が不十分で就業継続を断念するという女性もいまだ多い。仕事と育児の両立支援策を充実することによって，結婚や子育て期の女性の就業継続を進めることは，昔からの問題で，いわば古くて新しい問題である。

セカンド・シフトとマミートラック

しかし，両立支援策を充実して女性の就業継続さえ進めていけば，すべてが解決するわけでない。働く女性にとってもっとも大きな問題は，育児そのものの手間に加え，出産や育児によって，職場での自分のキャリアが影響を受けるという点にある。

アメリカの社会学者のA. ホックシールドは，アメリカの共働きの妻たちはセカンド・シフトと呼ばれる状況におかれていると指摘した（ホックシールド 1990）。セカンド・シフトとは，女性には職場での仕事（第1の勤務〔シフト〕）以外に家庭での「第2の勤務（シフト）」があるということをさしている。女性も有償労働するようになったのに，家庭の家事や育児といった無償労働はやはり女性がその多くを担っている。男性は第2の勤務はなく，第1の勤務だけで，自分の仕事のキャリアを追求する働き方をすることができる。女性は両方をしなければいけない。結局，ワーク・ライフ・バランスは女性だけの問題だということになってしまう。女性は第2の勤務をする分，仕事でのキャリアの形成において，男性に比べて不利になってしまう。

また，セカンド・シフトにおかれている女性は，マミートラックにも誘導されやすい。マミートラックとは，子どもをもつ女性の働き方の1つで，仕事と子育ての両立はできるものの，昇進・昇格とは縁遠いキャリアコースのことをさす。女性は就業継続できても，昇進・昇格といったキャリア・アップはできにくいということである。実際に，日本では管理職（課長相当職以上）の女性比率が他の先進国より低いことが問題となっている。

職場の男女均等支援が十分でなく，仕事と育児の両立支援だけでは，往々にして補助的な職種や分野で，短時間勤務制度（育児のために労働時間を通常より短くして働く制度）を利用して働くようなキャリアを選ばざるをえなくなり，昇進できるようなキャリア・アップをめざせるコースから外れたマミートラッ

クに不本意ながら乗ってしまう。

　よって，ワーク・ライフ・バランスにおいて，ファミリー・フレンドリー（両立支援）と男女均等推進の両方を両輪で進めていくことが大切である。具体的には，配置・昇進を含む雇用管理のすべてにおいて性別を理由とした差別をなくす，すでに生じている事実上の格差を積極的に解消していくポジティブ・アクションといった取組みも同時に求められている。ポジティブ・アクションとは，固定的な男女の役割分担意識や過去の経緯から，営業職に女性はほとんどいない，課長以上の管理職は男性が大半を占めている等の差が男女労働者の間に生じている場合，このような差を解消しようと，個々の企業が行う自主的かつ積極的な取組みである。

3　「イクメン」は働き方を変えられるか

　近年「イクメン」という言葉をよく聞くようになった。2010年の新語流行語大賞のトップテンに入ったので，イクメンがブームになっているといってもよい。イクメンとは，育児を楽しむ男性，育児を積極的に行う男性のことで，イクメンという言葉には，そうした生き方が父親として「カッコイイ」というニュアンスがある。その反対に育児をしない男性を「いくじなし」というそうだ。働く女性をサポートするという点においても，イクメンによる，男性の家事・育児参加はとてもよいことである。

長時間労働と働き方の見直し　とはいえ，「僕（私）はイクメンだから，残業はやめて早く帰ります」とはいえない職場も多い。マミートラックに誘導された働く女性たちは早く帰ることは許されるが，男性はダメ。職場の上司や同僚からは，「子育てするから残業しないで定時に帰るなんて何を考えているのか」「育児休業を取るなんてとんでもない」など，イクメン候補たちをとりまく現実は厳しいのではないだろうか。

　日本の社会で長年続いてきた社会・労働慣行，あるいは日本社会全体の仕組みといってもよいかもしれないが，それらのもとでは，男性が毎日残業しない

で定時に帰るということは，まだまだ容易に許されることではない。

　日本では，長時間働けない人はまず評価されない。そういう人は「やる気」のない奴だとみなされがちだ。日本の男性文化では「やる気」さえあれば何でもできると考えられているフシがある（高橋 2013）。男性にとって職場で「やる気」を簡単にアピールする方法は，会社を休まず，いつでも残業できる，長時間労働できる構えを見せておくことである。日本の職場ではそういう人が評価される。また，日本は1日の労働時間が長いだけでなく，与えられた有給休暇の取得率も50％に満たない（2013年の厚生労働省「就労条件総合調査」で47.1％）。

　他方，欧米では日本とは仕事の分担・責任の仕組みがまったく異なるが，残業をするのは勤務時間内に仕事を終わらせられない能力のない証だとする考え方がある。

　日本の男性にとって，ワーク・ライフ・バランスとは，個人の力や意思だけではどうしようもないことを，社会全体として「働き方を変えてみよう」「働き方を見直してみよう」という一種の社会運動ととらえることができる。

　政府が中心になって，企業，地域，民間団体と協力しながら，長年続いてきた社会のあり方を変えていこう。父親のワーク・ライフ・バランスという文脈でいえば，「男性がもっと子育てに時間をとれるようにしよう」という取組みだといえる。もっとイクメンをつくりだそうというわけである。

　もちろん，長時間労働をなくすことは男性だけの問題でない。たとえば，女性も時間制約のハンデの世界から解放されて，仕事のモチベーションが上がり働きやすい職場となるだろう。この問題に目をつむり，女性社員だけ特別扱いして早く帰すのでは，両立支援策は女性社員向けの福利厚生施策という企業にとって負担でしかないものとなり，女性社員をマミートラックへ誘導するだけのものとなってしまう。このことは，両立支援だけを進めた企業がいままさに抱えている現在進行形の問題でもある。

| 仕事と生活の調和推進のための行動指針と数値目標 | 1節で紹介した日本の内閣府のワーク・ライフ・バランス憲章を実現させるための方針である「仕事と生活の調和推進のための行動指針」の「2.『仕事と |

生活の調和が実現した社会』に必要とされる諸条件」には，日本の男性の長すぎる労働時間を削減，あるいはこれまでの働き方そのものを見直して，「2)健康で豊かな生活のための時間が確保できる社会」，「3)多様な働き方・生き方が選択できる社会」にしようという視点が盛り込まれている。

「健康で豊かな生活のための時間が確保できる社会」は，子育て期にある父親たちにとっては，家族や子どもと一緒に過ごす時間，家事をする時間，子もの育児をする時間を確保するということが中心である。

「多様な働き方・生き方が選択できる社会」では，仕事と育児の両立のための支援策，たとえば，育児休業の取得，在宅勤務，短時間勤務の利用による柔軟な働き方を利用することで，仕事と育児の両立をしやすくするということが中心である。女性だけでなく，男性もそのような働き方を選択できるようにしようというものである。こうした選択が可能となれば，男性も育児にもっと関わっていくことが可能となる。

政府はワーク・ライフ・バランス型の社会を実現するために，「仕事と生活の調和推進のための行動指針」で数値目標を立てている。その主な内容は，週労働時間60時間以上の雇用者の割合10%を2020年までに半減させる，年次有給休暇の取得率を47%から70%にすることをめざす，在宅型テレワーカーの数を2015年までに700万人にする，男性の育児休業取得率を1%程度の現状から2020年には13%にする，6歳未満の子どもをもつ男性の育児・関連時間を2006年で1日あたり60分なのを2020年には2時間半にするなどである（以上，2014年4月現在。今後も一定期間で進捗状況を見ながら，改定されることになっているので，目標数値は変更されることがある）。

こうした具体的な数値目標の実現のためには，企業や職場の取組みが重要になる。実際に，「ノー残業デー」の設定（残業をしない日を設ける）や，妻が出産した男性従業員に積極的に育児休業取得を勧めている企業などもあるが，まだ一部の企業にとどまっている。

企業や職場では，そうした具体的な制度的な取組みも重要だが，そうした取組みを通して期待されているのは，これまでの働き方や，業務や仕事の分担を見直して，労働者が安心して働ける環境をつくり，企業の生産性の向上や競争力の強化につなげていくということもある。ワーク・ライフ・バランスは，従

業員だけでなく企業にもメリットがもたらされるような「Win-Win（ウィンウィン）」の状況をもたらすものでなければならない。

　また，日本の職場では，自分が休むと周りに迷惑をかけるという意識が強くて，子どもが病気のときに有給休暇をとったりすることができない雰囲気があるが，こうしたことも変えていくことが期待される。職場のなかでも，子育てを応援する雰囲気づくり，社会全体で子育てを支援していこうという取組みが求められている。

4　ワーク・ライフ・バランス型社会の実現に向けて

　筆者はワーク・ライフ・バランスを進めていくうえでは，「ファミリー・フレンドリー（両立支援）」「均等」「働き方の見直し」の3点が重要であり，このいずれかが1つでも欠けてもうまくいかないと考えている。

　本章では育児以外の問題についてはあまり触れられなかったが，介護の問題もこれからは増えてくるだろうし，資格を取ってキャリア・アップをしたり，ボランティア活動を行ったり，しっかり休養をとり疲労を回復するなど，さまざまな形で，ワーク・ライフ・バランスを実現できたらと考えている人も多い。こういう意味では，ワーク・ライフ・バランスは，働く人すべてに関係することといえる。

　また，日本では若年者や女性を中心に非正規雇用で働く人が多い。ワーク・ライフ・バランスは，正社員（正規職員）だけのものと考えられがちで，実際そのように進められているが，先ほど紹介した「仕事と生活の調和推進のための行動指針」の「2.『仕事と生活の調和が実現した社会』に必要とされる諸条件」には「1）就労による経済的自立が可能な社会」として，若者が就業を通じて経済的自立を図ることができること，非正規雇用から正規雇用へ移行できること，就業形態にかかわらず，公正な処遇や能力開発機会が確保されることなども，含まれていることも忘れてはいけない。

　「人生の各段階に応じて多様な生き方が選択・実現できる社会」というワー

ク・ライフ・バランス型の社会の実現は，皆さん1人ひとりのこれからの生き方にもかかっている。

酒井 計史

参考文献

岩上真珠，2013，『ライフコースとジェンダーで読む家族（第3版）』有斐閣。
高橋俊介，2013，「ここが変だよ？日本人の働き方」DIAMOND Online（http://diamond.jp/articles/-/45467　2013年12月20日取得）。
内閣府編，2007，『仕事と生活の調和（ワーク・ライフ・バランス）憲章・仕事と生活の調和推進のための行動指針』。
ファザーリングジャパン編，2013，『新しいパパの教科書』学研教育出版。
ホックシールド，A.（田中和子訳），1990，『セカンド・シフト 第二の勤務――アメリカ 共働き革命のいま』朝日新聞社（原著 1989）。
牧野カツコ・渡辺秀樹・舩橋惠子・中野洋恵，2010，『国際比較にみる世界の家族と子育て』ミネルヴァ書房。
労働政策研究・研修機構編，2007，『仕事と生活――体系的両立支援の構築に向けて』労働政策研究・研修機構。

Reference

ワークシート ❶ インターネットでもっと調べてみよう

将来の自分や友人，あるいはワーク・ライフ・バランスを必要としている人たちのことを考えながら，両立支援制度の具体的な内容や「イクメン」について調べてまとめてみよう。

●WORK●1

日本の厚生労働省のホームページなどを見て，日本の仕事と育児の両立支援制度にどのようなものがあるかを調べ，制度の内容を書き出してみよう。

●WORK●2

この章を読んだうえで，さらにインターネットで「イクメン」と検索して，なぜいま男性に「イクメン」になることが求められているのか，男性，女性，企業，社会のそれぞれの立場から，いくつかあげて考えてみよう。

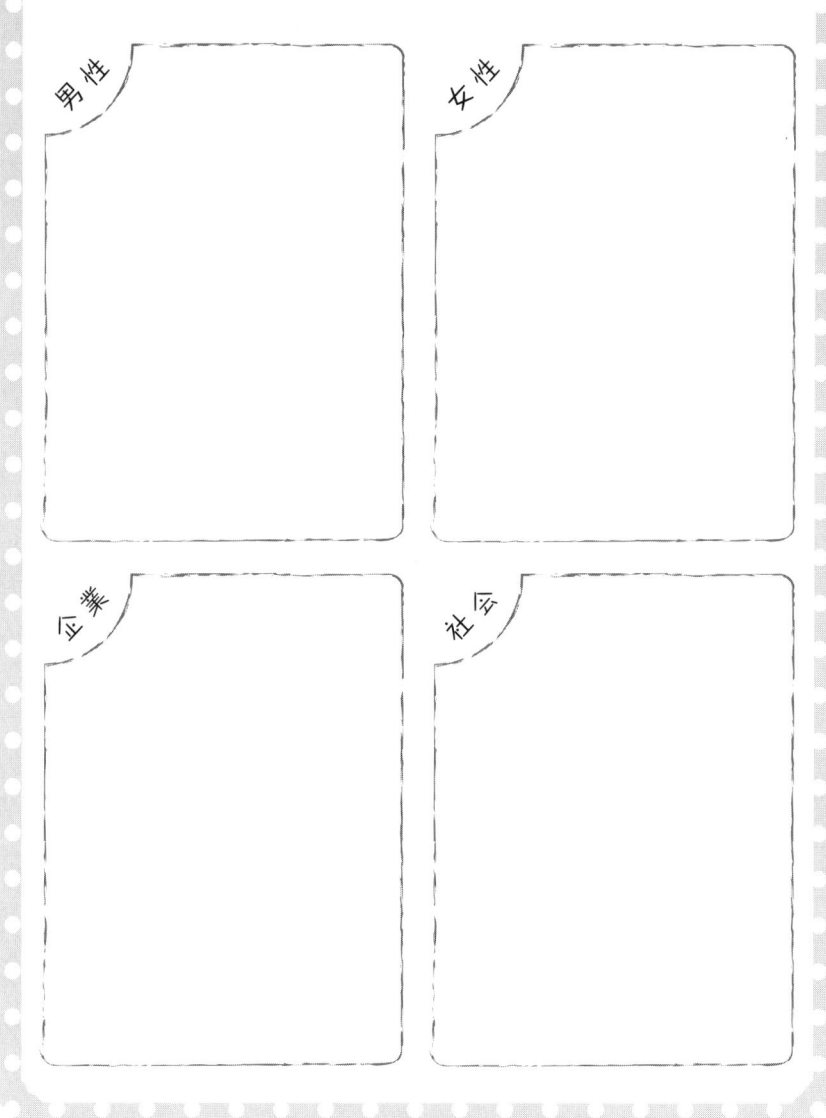

男性

女性

企業

社会

Message 先輩からのメッセージ④

名前：関根吉則（せきね・よしのり）
職業：地方公務員
年齢：27歳，社会人2年目
学歴：2012年 福井大学大学院修了

現在，私は名古屋市内の区役所で保険年金課保険係に勤務しており，窓口業務と後期高齢者医療保険料の徴収を主な担当としています。保険料の収納率が上がったときや困っている市民の方の力になれたとき，窓口や電話で満足いただける対応ができたときにはやりがいを感じます。もちろん業務の性質上，市民の方の希望がすべて叶うとは限りませんが，誠実に説明することで，納得していただけることが多いです。ときには怒りをあらわにされることもあり，大変なこともありますが，制度に関する知識を身につけることで，自信をもって毅然とした対応をすることを心がけています。

修士2年のとき，第1希望は出身県の県庁でした。面接で志望動機を聞かれ，「公民館の活動や教員研修の支援に取り組みたい」と答えたところ，「それは市役所でやるべきではないか」といわれました。当時は，自分が取り組みたい課題をどこで取り組むべきか，その自治体が何に力を入れているのかといった，自治体研究を怠っていました。

県庁の不合格通知後，民間企業に就職するか，就職浪人するか進路について悩みました。本心では，浪人して来年に臨みたい思いが強かったのですが，1年間どこにも所属しないという恐怖が本当に強かったことを覚えています。最終的には，「就職浪人しても，この悩んだ1年は無駄ではない。挫折を経験したことはマイナスにはならない」との恩師の言葉もあり，1年後再挑戦することにしました。実際に，挫折を経験したことで精神的に強くなれたように思います。

その後，大学時代の経験を振り返り，学んだことをいかせる場をしっかりと研究しました。さまざまな自治体について調べたところ，名古屋市の市民やNPOとの協働に関する業務を行っている部署が公表している資料を読む機会があり，名古屋市は本当に市民協働を推進していると感じたため，受験することにしました。

面接では，市民協働に関する仕事の展望について，学生時代に参加した児童館での実習など子どもの社会教育に関する地域活動を例にあげ，「協働は大変重要なことだが，すぐにできるものではなく，長い時間がかかる本当に大変なことだと実感をもって学んできた」と背伸びせずに答えました。その後，運よく採用通知が届きました。

就職することが目的ではなく，就職後の自分は何をしたいのかという目標や見通しをもつことが大切だと思います。皆さんが自身の目標やキャリアの長期展望をつかむきっかけを見つけることができるようにと祈っています。

第8章

世界をみすえたキャリアのあり方

design

　グローバル化時代のなか，海外を視野に入れながらキャリアを積み重ねていくことが，ますます求められるようになっている。グローバル・キャリアという視点から，将来の仕事のあり方について改めて考えてみよう。

1 グローバル化時代のキャリア不安

キャリア選択と自己責任　今日ほど，職業選択やキャリア形成において，「自分探し」や「自分らしさ」の発見を執拗に求められる時代もなかろう。仕事を通じて「自分」というものを見いださなければならない，自己実現や自己達成を図っていかなければならない，と半ば強制的に駆り立てられている。仕事の仕方やキャリアのあり方は，確かに自分の生き方そのものであって，本来人それぞれ異なるものであってよい。実際，職業キャリアの道のりは，「自分とは何か」というアイデンティティの問題であり，自分の生き方を見つめ直していくプロセスそのものといえるだろう。

　自分の人生は，自分らしいやり方でマイペースに切り拓いていけばよい。仕事やキャリアについて，他人からあれこれ口を挟まれたくはなかろう。仕事を選択し，キャリアを積み重ねていくための道筋をたてるのは，あくまで自分自身であり，他の誰でもない。職業選択の自由があるように，自分の意思で選ぶ代わりに，万が一選び損なったときには，その失敗の責任は，やはり自分で負わなければなるまい。自由を享受する権利には，責任を果たす義務が伴う。選択の自由が拡大する一方で，逆に決定に伴う自己責任がより厳しく問われる時代である。

　人は選択すべき事柄が重要なものであればあるほど，選び間違えないために，できるだけ広範囲に周囲を見渡し，成功や失敗の参考例をかき集めるだろう。選択するにあたっては，選ぶべき選択肢の幅が広がれば広がるほど，それだけ最適な選択に出くわすチャンスが増える。ところが，その選択肢が過剰にあふれだすとき，無尽の選択肢から選び抜くことは，より限られた選択肢からの選択より不安感を高めることになる。選択肢の幅が広がり，全貌を把握することがいっそう困難になるにつれて，そのような不透明な全体状況での選択の妥当性や適切さは，より不確定的なものにならざるをえないからである。

　なすべき選択が真剣なものであるほど，それに迷うことは深刻な不安をもたらすことになる。まさにこの選択上の困難こそが，アイデンティティをめぐる

現代社会の問題を映しだしている。いわゆる，自己疎外や自己存在の不透明感による「アイデンティティ・クライシス」という問題である。あふれだす過剰な情報，多元的な価値観や多様なライフスタイルのあり方を前にして，みずからが参照すべき無数のサンプルにめまいを起こす。脅迫観念にさいなまれながら"自分"の在り処を必死にもがきながら模索し，「自分探し」に翻弄される疲れきったみずからの姿が，そこにある。

選択さえすればそれなりの自由を満喫できた時代は過去のものとなり，いまや過剰な選択肢を前に選ぶことさえ困難な時代に突入している。好物の餌を左右の皿に並べられた羊が，どちらの皿から手をつけるべきか迷いあぐねて餓死してしまうように。選択の余地がないほど，人は不満を感じるが，逆に不安を感じることは少なくなる。無条件に与えられることや義務のうちには，選ぶということへの自己責任がないだけに，気楽さと安心感がある。

他人指向型キャリア選択と「内向き志向」

国境を越えて多様な選択肢が次々と流れ込んでくるグローバルな時代にあって，職業の選択やキャリアの形成が，いっそう不透明で困難な状況におかれている。若者のキャリアに対する不安が，ますます増大していることは想像に難くない。グローバル化の進展によって，異なる文化圏の未知なる他者と遭遇するチャンスが高まり，すぐ手の届く身近な場所に，これまで経験したこともないような魅力的な生き方の選択メニューが転がっていることもめずらしくない。

仕事選びやキャリア形成のあり方を考えるうえで参考になる価値観や世界観，職業意識，人生哲学といった素材のバラエティが，その豊かさを増している。尽きることなく増え続けるそれら過剰ともいえる選択肢は，それだけ生き方が多様であり，価値観が多元的でありうることを示している。しかし，すでに指摘したように，その広大な多様性のうちから，いずれかを選択しなければならない段階にあっては，失敗する不安や自己責任を負う苦痛をいっそう経験することになる。

グローバル時代において，キャリア不安はむしろ高まっている。失敗することを恐れ，自己責任の重みに耐え忍ぶくらいなら，いっそのこと，使いこなす自信のない選択の自由と責任を放棄して，不自由の桎梏へと退却することのほ

うが，確かに自分の身の丈にあった気楽な生き方なのかもしれない。職業キャリアのおすすめメニューのなかから選択し，本来個性的であるはずの自分のスタイルを他人のそれへと隷属させることは，自由からの逃走，責任の放棄以外の何ものでもないだろう。そこにあるのは，不自由に屈服する自由の歪んだ姿である。

　事実，キャリア不安にさいなまれる状況のなか，社会で推奨されるキャリアプランのもつ影響力は大きい。「みんなと同じ」「人並み」という選択は，先の見えない不安定な雇用状況では，その安心感からもたいへん受けがいい。人と違った自分流の生き方や働き方の道筋をみずから切り拓いていくという，高コスト・高リスク・高リターンのキャリアパスを選択することより，今日では，お膳立てされたレールのうえを呑気に走る安全・安心な快適さのほうが優先されてもおかしくはない。

　しかし，このような他人指向型キャリアは，グローバル時代にふさわしくない。激動する環境の変化と呼応して，臨機応変にタイミングよく適切な方向へ進路の舵を切ることが難しいからである。経済情勢や市場変化に即応できる柔軟なキャリアパスは，組織の一員としてではなく，1人の自立した個人としてみずから組み立てていくことが望ましい。中長期的にどのようなスキルや専門性を身につけていくべきかをみずから考察するなかで，自己啓発の意識が醸成され，モチベーションが向上する。

　グローバル化時代におけるキャリア不安のなか，他人指向型のキャリア選択に流されることは，近年の若者にみられる「内向き志向」にも現れている。世界規模で急速に進展する社会状況や雇用環境の変化に目を向け，みずからのキャリア形成をグローバルな視点から取り組む「外向き」な姿勢が日本の若者にみられなくなってきている，といわれる。そこでやり玉にあげられるのが，海外留学・研修に対する若者の関心低下の兆候である。

　文部科学省の発表（2013年2月）によると，2010年の日本人海外留学生は約5万8000人であり，2004年の約8万3000人をピークに6年間にわたり減少し続けている。経済協力開発機構（OECD）の調査結果でも同様の傾向が指摘され，大学など高等教育機関に在籍する日本人学生全体のうち，海外留学経験者の割合はわずか1.0%で，加盟国33カ国のなかでアメリカに次ぐワース

ト2位となっている。少子化による留学適齢年齢層の人口減少を考慮に入れても，在籍学生数に占める留学者の割合が他国と比較してきわめて低い事実は，否定しようもない。

　このような留学者数の減少傾向をもって，日本の若者の「内向き志向」が危惧され，グローバル人材育成について政労使・産学をはじめ社会全体を巻き込んで，活発な議論が展開されている。在学生の留学が低率に止まっている理由としては，就職活動時期の問題，留学経験の社会的評価の問題，単位互換制度の問題，語学力低下や英語離れ，留学先の学費高騰による経済的不足や奨学金制度が抱える問題など，さまざまな弊害が指摘されている。また，学生の気質に関わる点としては，長期的展望の欠如，現状満足志向，安全・安心重視によるリスク回避傾向，などが解決されるべき問題点となっている。

「グローバル人材」という落とし穴

　若者の「内向き志向」は，なぜ社会的に問題視されるのだろうか。グローバル化時代のキャリア不安を乗り越え，自分らしい働き方を通じてみずからの生き方を追求するためには，他人指向でない「外向き」の姿勢が求められる。かといって，なぜ「内向き志向」であってはいけないのか。現状に満足し，安全・安心重視のリスク回避をとろうとする姿勢が「内向き」といわれるなら，それはそれとして，1つのあり方としてあってもよい話である。

　海外への留学や転勤に消極的な姿勢が「内向き志向」として問題視される背景には，「グローバル人材育成」という政府や企業，経済団体など雇用する側からの目線がある。グローバル競争に勝ち抜き，ビジネスチャンスを広げ，経済産業を振興し，研究開発を推進するには，国際社会で活躍できる高いスキルと資質をもった「グローバル人材」の育成と獲得が急務である，との問題認識である。

　内閣府の若者雇用戦略推進協議会は，「若者雇用戦略」（2012年）において「自ら職業人生を切り拓ける骨太な若者への育ちを社会全体で支援するため，若者雇用戦略を着実に推進」していくと謳う。また日本経済再生本部は，「日本再興戦略」（2013年）の1つの柱に国際展開戦略を置き，「グローバル化等に対応する人材力の強化」対策として，2020年までに日本人留学生を倍増させる目

標値を盛り込んでいる．日本経済団体連合会は，グローバルキャリアをめざす人材を確保するため独自に「グローバル人材育成スカラーシップ」や就職フェア「グローバルキャリア・ミーティング」などの育成事業対策に乗りだしている．

　このように，グローバル人材育成を海外留学支援策に全面的に頼ろうとする思考には，「海外留学経験者＝グローバル人材」といった短絡的な発想が垣間みえる．そこでいう「人材」とは，あくまで経済競争に勝つための資源であり，それを獲得し活用しようとする雇用する側の立場からとらえられた道具的な「財」でしかない．「人材」とは，人としての価値であり，働き手である自分自身の固有の「財（産）」であって，国家や企業のための単なる資源ではない．

　ところで海外へ渡航する日本人は，いまや旅行者などの短期滞在者を含めて年間延べ約1800万人，逆に日本に入国する外国人は延べ900万人にのぼる．また永住者や一時的な海外在留者として外国に長期滞在する日本人も100万人を超え，そのうち企業から派遣される駐在員が約42万人，留学生や研究者として滞在する者が約17万人となっている．一方，日本で働く外国人68万人が10万を超える事業所で雇用され，日本で学ぶ外国人留学生14万人弱のうち年間約8500人が日本の企業へ就職している（法務省入国管理局2012）．

　国境を越えた「人」の流れのなかで，世界の人材市場が揺れ動き，商品やサービスを生みだすカネ（資本）や労働が収益性を求めて投下される．グローバル市場における熾烈な企業間競争が，規制緩和や民営化，自由化といった政策を後押しし，国家間の制度的な縛りを越えた市場のボーダーレス化を推し進めてきた．国境に区切られた「国家」や「国民」という単位を前提に相互の連携をめざす「国際化」の時代から，異なる国民，民族，人種を"1つの世界"に統合していく「グローバル化」へと時代はとうに移っている．

　グローバル化は，民族や文化の多様性を飲み込みながら世界を均質にし（フラット化し），共通のプラットホームで思考し，行動することを求める．そこでは「世界標準」（グローバル・スタンダード）を共有することが，グローバル・パートナーであるための最低条件となる．労働市場も，けっしてその例外ではない．実際若者の雇用情勢には，労働市場のフラット化が色濃く反映されている．企業にとって「人材投資」たる人事採用は「同一賃金＝同一スキル」が原

理原則だが，同一スキルの職種であれば，当然人件費の安い人材を採用することになる。

若者雇用をとりまく厳しい環境が続くなかで，バブル崩壊以降の経済の先行き不透明感やグローバル競争の激化，ICT化による定型業務の減少などから，求人や人材育成投資そのものが減少している。グローバルな雇用市場において「人材」という資源の鉱脈は，もはや全世界にまたがり潤沢に広がっている。

人件コストの高い人材は，それに見合った高いスキルがない限り見向きもされない。先進諸国にみる若者の高い失業率は，「雇用の流動化」政策という脈絡のなかで「非正規雇用」を増やすという対症療法的な措置で苦境をしのいではいるが，そのようなやり方は根本的な解決になりえず，雇用される側のスキル向上なしに解決することが難しい構図となっている。

国境を越えたバイタリティを吸収するために，すでに企業は，多様な人材を確保する「ダイバーシティ採用」を基本方針に「外向き志向」へと踏み出している。少子化で国内市場縮小が避けられない状況下，企業は人材戦略や採用活動においても急速に海外展開をめざし，人材のグローバル化にむけて確実にアクセルを踏み始めている。雇われる側であれ雇う側であれ，今日のキャリアをとりまく環境は，そこに何らかの雇用関係がある限り，すでにグローバルな労働市場に埋め込まれてしまっている，といってよい。

労働の「売り手」としての若者は，グローバル市場に埋め込まれた人材市場において「自己防衛」と「自己実現」に努めなければ，みずからの「人材」としての価値が正当に評価されなくなっている。キャリア不安を抱えながらも，みずからの手でキャリアの道筋をたてていくしかない。人材市場においてみずからの価値を高めていくには，世界を相手にしたグローバルな視野にたったスキル向上への企てが，いやおうなしに求められるのである。

2 世界を体験する

[見聞]から[体験]へ　　企業としては，優秀な人材であれば国内学卒者だけでなく，海外で学んだ日本人留学生にも目をむける

のは当然である。日本国内外で学ぶ外国人学生の採用を検討する企業も増加している。日本人学生は，人材面において外国人学生ともその市場価値を比較され，国籍とは関係なく，戦力になりうる実践能力，異文化を理解し国際社会で共存していく能力，バイタリティあふれる自立精神を身につけているかどうかが，厳しく問われる。

「ボストンキャリアフォーラム」という有名な就職フェアがある。アメリカ・マサチューセッツ州ボストンで毎年秋に3日間にわたり開催され，海外の大学・大学院で学ぶ留学生や日英バイリンガル人材を対象とした世界最大規模のイベントである。参加者は約1万人，参加企業も日本国内外の有名企業150社以上が名を連ね，開催地もロサンゼルスやロンドン，ニューヨーク，東京，シドニーなどへと拡大している。人材市場のグローバル化で，みずからを売り込む若者もけっして少なくない。

しかしその一方で，海外にはまったく関心がなく，英語嫌い，外国とは一生無縁な世界に自分は生きている，と感じている若者も実際には多い。孤立した環境のなかで独自の進化を遂げるガラパゴス諸島の動植物のように，グローバル世界から隔絶した環境のもと，リスクの低い安全安心な我が棲家に閉じ込もって生きていくことのほうが，確かにそれなりの安堵感はある。

「パラダイス鎖国」ともいわれるように，グローバル・スタンダードからかけ離れた孤立した世界のなかで，独特の文化が創造され，優れた固有の方法が発見されることもまた事実である。しかし，日々の生活の隅々までグローバル化されている今日，このような「ガラパゴス症候群」といわれるような内向きな姿勢は，キャリアの面からいって，かなり不利な状況を生みだしている。

現代人の日常生活はグローバル世界そのものである。食料品や衣料，生活用品から，エネルギー資源，食糧，医薬品まで，ほとんどが外国製もしくは輸入産品である。毎日の食卓やレストランのメニューも外国料理で埋め尽くされている。新聞や雑誌，テレビやラジオ，映画，インターネットからは，音や映像によって海外に関する情報が世界中から間断なく流れ込んでくる。日本から海外に向けた情報発信の流れも同様である。日本発のサブカルチャーの影響もあり，いまや世界の日本語学習者数は399万人に上り，年々その数が増加している（国際交流基金 2013）。

世界を「知る」ことは簡単である。マスメディア情報だけでなく，旅行記や紀行文，伝記，小説といった作品を通して，またネット時代ではオンラインで検索情報を容易に入手できる。ソーシャルネットワークサービスを活用することで，世界中のユーザーと意見交換をすることや，海外在住のパートナーや仲間を見つけることすら可能である。近年，世界の大学や教育機関がオンライン講義のコンテンツ提供サービスを積極的に展開し始めている。自宅で海外の大学の講義を受け，修了証も発行されるようになった。ガラパゴス化した生活にあっても，つねに世界とつながっている。

もはやみずから費用と時間を割いて海外渡航しなければならない必要性は確実に減っている。しかし，そこで得られる知識や技能は，他人によって切り売りされた情報内容，商品やサービスとして提供され消費されたヴァーチャルな「見聞」でしかない。世界を自分自身で直接感じとるリアルな「体験」ではない。いうなれば，安楽椅子に腰かけながら知る世界とは，情報コンテンツの断片から構成されたイメージの「パッチワーク」といってよいだろう。

世界を知るうえで見聞を広めることは確かに重要だが，生きた「体験」として知得される世界こそが，リアルなグローバルに違いない。実際，海外留学経験者の留学動機をみるならば，海外での「生活経験」が重視される傾向が強く，「将来の就職に有利」などという短絡的な理由をあげた者は，むしろきわめて少数派である（日本学生支援機構 2012）。

「体験」から「理解」へ　リアルな「体験」を通して世界を知ることは，けっして難しいことではない。グローバル化が日常生活に深く浸透しているいま，身近な場所でも世界を感じることができる。自国に滞在する外国人の目を通して，これまで気づかなかった自国文化の隠された特殊性や慣習の不思議さを再発見することも多い。逆に，これまで自分が抱いてきた他国のイメージが偏見にまみれていたり，誇張されたステレオタイプであったりすることもある。

たとえば，店先にイタリアの国旗を掲げる日本のどこにでもありそうなイタ飯屋やイタリアン・カフェは，イタリア人たちからみれば日本向けにつくられた"イタリア風"のニセモノで詐欺まがいのことなのかもしれない。そうだか

らといって，日本人の想像するイタリア的イメージがニセモノで，イタリア人によるそれがホンモノである，というわけでもない。イタリアンであることへのお墨つきはイタリア人しか与えることができない，などという傲慢な態度は通用しまい。

"イタリアン"という言葉を聞くと，誰しもが思い思いのイメージを心に描き，そこに各人各様の輪郭と色を与えることだろう。それら想像の世界は，十人十色の輝きをもち，その1つひとつが無限の広がりをもって多彩な光を放っているに違いない。イタリアンというものの姿は，本来そのような多彩なイメージ世界のなかで息づき，もとより単一的ないし統一的な世界としてとらえがたい多元的な世界を構成している。

「これこそがまぎれもなくイタリアンだ」といえるような絶対的かつ正統的なイタリア性なるものなど，そもそもはじめから存在しないといってよい。イタリアとは何か，イタリア人とは何者か，という質問への回答が無数にありうるように，「イタリア的なるもの」の定義も，けっして1つではありえない。今日ますます加速度を強めるグローバリゼーションのなかで，「国民国家」という伝統的なアイデンティティが大きく揺さぶられ，ますますあいまいになっている。グローバル化によって世界が統合されていくにつれて，逆にみずからのアイデンティティの意味は，いっそう多義的なものへと変化していくことになる。

つまり，単なる「見聞」から実際の「体験」を通して世界を知ることで，そこにさまざまに異なる「理解」が生まれうる，ということである。どのような「体験」をするかによって「理解」の中身が変わってくるおもしろさが，そこにはある。一例として取り上げたイタリアという社会は，けっして単一で均質的な社会として理解されるようなものではない。そこに何らかの特異な精神構造や共通の価値観，思考様式，行動性向，文化風土などを見いだすことは，人がどのような関わりをもってその国を体験するかによって変わってくる。

典型的な国民性や民族の精神が客観的に存在する，などと断言するや否や，たちどころにステレオタイプによる差別や偏見の落とし穴にはまり込む危険性がある。ある民族や国民を十把ひとからげに単一のイメージにつくりあげてしまう罪深さは，歴史の悲劇をひもとくまでもなく実証済みだろう。時を越えて

存在するような唯一絶対な理解というものがないとするならば，それは「体験」を通じて絶えず再構成していくしかない。経験に開かれた理解は，他者との絶えざるコミュニケーションへとさらに開かれることによって，新しい理解へと不断に深化していくことになる。

　グローバル社会において世界を知るということは，世界との向き合い方を「見聞」を越えてみずからのリアルな「体験」へと向かい，世界に対する「理解」を深めていくプロセスにほかならない。リアルな体験と理解に支えられた柔軟な視野と判断力，コミュニケーション・スキルを武器にグローバル社会で生き抜くことができる能力こそが，グローバル人材に求められる素質といえるだろう。

3　グローバル化時代のキャリア創造

「逃避」から「冒険」へ　グローバル化時代の若者が抱えるキャリア不安は，もちろん日本に限ったことではない。雇用情勢の不安定化と将来のキャリア形成への不透明感は，グローバル化に起因する点では世界共通の問題となっている。この問題の核心は，若者が雇用問題やキャリア不安にどのようにむき合っているのかに大きく関わっている。日本の若者の場合に問題視されるキャリア選択の「他人指向」や「内向き志向」の背景には，従来の安定的雇用パターンがグローバル・スタンダードのもとで維持しがたくなっている事情がある。

　伝統的な日本的経営を支える経営家族主義，終身雇用，年功序列，新規学卒一括採用といった雇用・就労慣行のあり方が，グローバル化による雇用環境の変化のなかで問われ続けている。とくに若年期の人材育成を特徴づけてきた新卒採用（定期採用）の慣行と企業内での職業能力開発は，グローバル競争の渦中にある企業にとっては大きな負担となる。

　社員の昇進昇格や定期配置換えに必要な企業内での職業能力開発やキャリアアップ計画は，新卒者の継続雇用と長期的安定雇用を前提として，はじめて回収可能な人件コストとなる。そのような前提がなければ，企業はそのコストを

負担することはなくなるであろう。実際，近年多くの企業が，非正規雇用契約による採用を増やすことで，コスト負担の軽減を図っていることは周知のとおりである。

　別の観点からみるなら，このような雇用・就労慣行は，典型的で定型化されたキャリアパスを維持するのに寄与してきたといえる。会社が用意するレールの上をただ走っていれば，「人並み」レベルのキャリアコースが最低限保証されるという期待が，実際幻想でしかないとしても，雇用に対して少なからずの安心感をもたらしてきたことは，否定しえないだろう。

　しかし，このような典型的キャリアへの安心感も，グローバル競争にみる急激な雇用市場の変化にあって，雇用の不安定化とともにキャリア不安へとシフトダウンしている。典型的キャリアのレールから外れるリスクが高まっている，といいかえてもよい。従来の雇用・就労慣行への不信感が蔓延しつつ，典型キャリアがしだいに影をひそめ，キャリアパスが混乱していく危機的状況のなか，典型的キャリアのレールから脱線した働き手のダメージや不安は，想像以上に大きいはずである。典型を外れたキャリアコースには，もはや約束されたレールなど敷かれていないからである。

　定型化された典型的キャリアパターンに依存することは，今日ではむしろリスクを抱えることになる。これまで推奨され，信頼してきたレールの軌道から突然脱線してしまうリスクが高まっている。この際，金太郎飴のような規格化したキャリア・ナビゲーションから距離をとり，標準コースから外れた道なき道をみずからの足で踏破する力を養い，リスクに備えておくことのほうが賢明である。

　キャリア不安を抱えながら他人指向型で「内向き志向」なキャリア選択へと安易に「逃避」することなく，むしろ不安定な世界，不透明な時代に生きざるをえないいまこそ，グローバルな「外向き」の視野をもって果敢に「冒険」へと挑戦したい。

「ローカル」から「グローバル」へ

　17世紀から18世紀にかけて「グランドツアー」と呼ばれる旅が，欧州（とくにイギリス）の富裕層の子弟の間で流行した。数カ月から数年間にわたる国外大旅行である。汽船や鉄

道が発達するにつれ，中流階級にも浸透していくことになるこの旅行は，若者が行く先の近隣諸国の政治や経済，文化，芸術を学び，観光し，ショッピングを楽しむ絶好の機会であった。将来を嘱望されるエリートの卵たちにとって，グランドツアーはまさに「世界を体験」し，「自己を発見」するための実践的かつ実用的な通過儀礼の1つであった。

グランドツアーの伝統は，欧州の若者文化に「トレイル（行脚）」という形で引き継がれている。1960年代から70年代にかけて流行した「ヒッピー・トレイル」（南アジアルート）やバッグパッカーによる「バナナ・パンケーキ・トレイル」（東南アジアルート）などが有名だが，安価な宿や食事を探しながら，できるだけ長期間旅を続け，異文化を体験するトレイルは，いまなお健在である。

グローバルな世界へ足を踏み入れるにしても，さまざまなやり方がある。学生であれば留学やインターンシップなど，学校や官民の支援制度を活用して旅行より長期に海外体験できる機会が，さまざまに用意されている。1987年に発足した欧州の「エラスムス計画」（2007年よりEU生涯学習計画に統合）は，EU加盟国間での国際交流をこれまでにない規模に発展し，その政策は「エラスムス・ムンドス計画」としてEU以外の世界の大学へのアクセスも急速に拡大している。

翻って日本の場合には，海外の大学との間で交換留学制度等の大学間協定は急拡大しているものの，留学時期と就職活動時期との噛み合いが悪いことや，学生の間で強まる「内向き志向」などから，留学希望者が定員に満たず欠員が生じるケースや，外国人留学生の受入数より邦人留学生の送り出し人数のほうが少ないなど，大学間での不均衡問題も生じている。このような状況からも，高校卒業と大学入学の間や大学卒業と就職（大学院進学を含む）の間の期間（「ギャップ・イヤー」という）を留学や企業研修，「ワーキングホリデー」等に有効活用すべき，という議論が近年活発化している。

世界を「経験」することの意義は，多様な働き方や生き方について視野を広げ，自分自身の足を地につけて，将来のキャリアパスをグローバルな領野から充実させていくことにある。自分の「人材的価値」は，国や企業からみた「使われるための資源」としてではなく，みずからが自分自身を「使いこなす」主

体として高めていくべきものである。自立した個人として自律的にキャリアを発展させていく地平の先には、ベンチャーや起業というキャリアのあり方も、1つの可能性として拓かれてこよう。

欧州連合（EU）の調査（2010）によると、望ましい就業形態として「サラリーマンより自営業者」と回答した日本人の割合は39％であり、首位の中国（71％）に大きく引き離され、EU 27カ国平均（45％）やアメリカ（55％），韓国（51％）をも下回る最低値となっている。自営より給与所得者（サラリーマン）を選ぶ理由では、「雇用の安定」「一定の給与がある」などの回答が上位を占めている。まさに、日本の若者が抱えるキャリア不安の強さと、安定重視リスク回避の「内向き志向」の現れ、とみてよいだろう。

「ローカル」な世界に閉じ込もり、現状に不安を抱きながらもそこにとどまり続けようとする「内向き志向」から離陸し、たとえ安定性は望めなくともダイナミックに広がり続ける「グローバル」な世界へと踏みだすことが、グローバル時代においてキャリアを創造していくための第一歩といってよい。

土屋 淳二

参・考・文・献

外務省領事局政策課, 2011,「海外在留邦人数調査統計（平成24年度速報版）」。
厚生労働省, 2012,「外国人雇用状況の届出状況（平成24年10月末現在）」。
国際交流基金, 2013,「2012年 海外日本語教育機関調査結果」。
内閣府, 2012,「若者雇用戦略」（雇用戦略対話第8回会合合意）。
日本学生支援機構, 2012,「平成23年度『海外留学経験者追跡調査』報告書」。
日本学生支援機構, 2013,「平成24年度外国人留学生在籍状況調査について――留学生受入れの概況」。
日本経済再生本部, 2013,「日本再興戦略」。
法務省入国管理局, 2012,「平成23年における留学生の日本企業等への就職状況について」。
法務省入国管理局, 2013,「平成24年における外国人入国者数及び日本人出国者数に

ついて（確定値）」．

文部科学省，2013,「『日本人の海外留学者数』及び『外国人留学生在籍状況調査』について」．

European Commission, 2010, "Entrepreneurship in the EU and beyond: A Survey in the EU, EFTA Countries, Croatia, Turkey, the US, Japan, South Korea and China - Analytical Report," *Flash Eurobarometer*.

OECD, 2013, *Education at a Glance 2013: OECD Indicators*.

ワークシート ❽

日常生活に「海外」を見つけてみよう

私たちの暮らしは，すでにグローバルな社会のなかにある。仕事や人生の広がりが地球規模の話ぬきでは語れないなか，海外で生活しながら学ぶチャンスも，意外と身近なところにある。

●WORK●1

いろいろな身の回り品の原産国（メード・イン・○○）を調べてみよう。

衣類
（例）△△ブランドのジャケット（フランス製），スニーカー（韓国製）……

小物
（例）通学用カバン（イタリア製）……

家電製品
（例）携帯充電器（インドネシア製）……

食品
（例）枝豆（中国産）……

その他
（例）キャラクターグッズ（ベトナム製）……

●WORK●2

自分の学校の海外留学（研修）制度を調べてみよう。

制　度	興味のある留学・研修先（学校名・企業名）やプログラム内容
交換留学	＊【長期プログラム（留学期間1年以上）】 ＊【短期プログラム（留学期間1年以内）】
インターンシップ	＊【国内の外国企業】 ＊【海外の企業】（海外インターンシップ）

先輩からのメッセージ⑤

名前：E. K.
勤務先：映画会社・営業
年齢：29歳，社会人8年目
学歴：2007年 大学卒業

Message

　私は，大学を卒業してから2度転職し，現在は3つ目の会社で働いています。振り返って思うことは，どんなに失敗しても「なるようになる」ということです。

　最初に新卒として人材紹介の会社へ入社しました。就職活動の際，自分の仕事に満足して働いている人がとても少ないと思い，正社員の転職支援をする会社を希望して入社しました。担当になったのは取引のない新規の会社の人事に電話し，求人を求める営業でした。1日に電話を50から100件かけ，50件に1本求人をもらえればよい状況でした。始発で出勤し終電で帰宅，土日も出勤し，給与は良いがプライベートがまったくない状況。8月には体調を崩し，四半期を終えた9月に退職を決断しました。しかし退職日の翌日にはせっかく入った会社を辞めた罪悪感に襲われ，すぐに派遣会社に登録し，短期派遣社員として3カ月働きました。

　その後，ピースボートに乗って3カ月間，世界一周しました。13カ国のうち，タヒチのモーレア島でジュース工場に寄った際に，「輸出入業がおもしろそう！」とふと思い，帰国後，日系の下着会社に応募しました。新卒採用の際にも見たこの会社は，中途しかとらない会社だったのですが「社会人経験あり，英語がしゃべれる，ビジネスマナーを理解している」という条件をクリアし，採用となり，7月から働き始めました。下着，洋服，靴，雑貨，コスメの企画担当と社外のメーカーや工場との間に入り，スケジュール管理や仕入れ価格の交渉などを担当しました。働きやすい環境で満足していましたが，あこがれていた女性の上司から，「入社して3年たったら1度会社を辞めてみなさい。世界は広いので他社も見たほうがよい。向かなければまたこの会社に戻ってくればいい」と人事面談の際に度々言われていました。どうも他の人には言っていなかったようなのですが。

　ほかに行きたい会社もなかったのですが，あるときたまたま，あまり見ない映画会社の求人を目にし，興味をもちました。これまでの枠をこえ，映画の売り方を考えようという代表の考えが新鮮でした。映画，エンタメを売るというのはどんなものかと思い，転職しました。

　営業として売上数字の目標をもつことは大変でもありますが，前職の経験もいかし

新たな視点を取り入れられるように考えながら，働いています。

　3つの会社を経験した私が大切にしていることがいくつかあります。まずは自分を俯瞰してみること。自分の状況を客観的にみることです。最初の会社では「気合」で仕事をする！ という雰囲気があり，自分はあまり向いていないと思いながらも，そこにはまってしまった，と思います。大切なのは仕事には真摯に向き合いながらも，自分の状況を冷静にみることだと思います。

　もう1つは，いい人もいれば嫌な人もいる，楽しい仕事もあれば嫌な仕事もある，というのはどの会社でも同じだということ。どんな仕事でも，軌道に乗るまでのハードルがあり，このハードルを越えるなかで自分自身の成長があったと思います。

　たくさんのはじめての体験，たくさんの苦難もありますが，何とか立ち直ることができる。そして失敗を恐れることなくいろんな経験をできるのが，20代のおもしろさだと思っています。

第9章
学びをいかし深める

大学で学ぶことは自分の将来に資するものになるのだろうか。学びを深めるにはどうしたらよいのだろう。この章では大学での学びと将来について考えてみたい。

1 大学での学びと自分の将来

高校の学びと大学の学び

「高校と大学の学びは、何が違うのですか」。このように高校生から聞かれたら大学生のあなたは何と答えるだろう。高校時代を思い出してみる。大学生となったいまを振り返ってみる。高校では教室のなかに自分の席があり、自分が所属するクラスが決まっていて、そのクラスで選択科目はあるものの、ほとんどは学校が決めたカリキュラムを学んでいた。一方、大学では必修科目はあるが、自分で何を学ぶかを決めていく割合が高校より格段に増した。大学に入学して最初に大変だったのは、授業を自分で選択して自分でカリキュラムをつくっていくことだったのではないだろうか。また、高校では教員が話すことを聞いて学ぶことが多かったが、大学では自分が発表したり、他の学生と議論する「ゼミ」や「演習」の授業も経験する。「実習」や「実験」といった授業もあるだろう。教員の話すことを聞くだけではなく、自分が動かなくてはならない授業が増える。高校と大学ではこのようにまず「学び方」が違う。

では、「学ぶ」こと自体では何が違うのか。筆者は大学の教員だが、筆者の考えとしては、高校での学びは、基礎的な知識と考える力を養うこと、そして漠然と自分の生き方について考え、社会に貢献することを考えることだと思う。一方、大学での学びは、幅広い教養と深い専門的知識、それを基礎においたもののとらえ方と考え方にふれ、学問研究を通して、自分の生き方について考え、人や社会に貢献する意義を学ぶことだと考えている。

高校で学ぶ内容は「数学」「英語」「国語」といった教科である。これは国が決めた学習指導要領によって定められており、日本人として必要と考えられる知識や技能の習得、思考力・判断力・表現力を身につけることが目標になっている。知識や技能を習得したかが重要であり、問いには概ね正解があったと思う。

一方、大学での学問研究には用意された正解はない。どんな方法で答えを導きだすのかも自分で考えなくてはならない。自分で方法を考え、自分で答えを

考える。そして，何より，問いも自分で設定する。自分で疑問をもったことへ，自分で答えるのが大学での学びだろう。大学の講義を受けるうえで重要なことは，疑問をもちながら受講することだと思う。授業のテーマについて自分で問いを設定し，それに対する答えを考える。教員の話のなかに答えが見つかる場合もあるだろう。もし，答えが見つからなかったら自分で調べることだ。また，教員が話す内容について「これは本当なのか，こんな点はどうなのか」と考えることも大切だと思う。大学における学びには高校の学びのように正解があるわけではない。別の視点からみれば別の答えが浮かびあがることもある。それを考えるのが大学の学びの1つのおもしろさであろう。

　あることに疑問をもつ，問いをたてる，どうやって答えを導くかを考える，自分で答えを導く，大学ではこの過程で，自分の生き方を考え，社会へ貢献する意義を考えることができるのである。そして，自分自身の疑問をもちそれに答えを出すためには，幅広い教養や深い専門知識を身につけることが必要であるし，何よりも自分が答えを出したいと思っている学問のもののとらえ方と考え方を学ぶことが必要である。また，関心のある分野やテーマでいままでどんなことが明らかになっているのかをきちんと知ることも重要だろう。そして，この過程で自分自身を成長させ，自分がこれからどう生きるかを考える礎を育てることができるのである。

勉強志向・まじめ志向の大学生　このような意義をもつ大学での学びだが，学生は学ぶことに対してどのように考えているのだろうか。

　日本の大学はかつて「入るのは難しく，出るのはやさしい」といわれていたが，さまざまな調査の結果から，近年の大学生の勉強志向は強まっていると考えられている。たとえば，片桐が行った調査では，授業へ「よく出席する」と回答した学生の比率は，1992年調査では36.1％しかいなかったが，1997年調査で47.6％，2002年調査では64.5％，2007年調査では66.7％になっている（片桐 2008）。大学生協の実施した全国大学生調査で「大学生活の重点」についてたずねたところ1991年には「勉強第一」という学生は19.9％であったが，2005年には28.5％となり，一方で「豊かな人間関係」は26.0％から17.1％へ減少している（全国大学生活協同組合連合会 2006）。「12 大学・学生調査」で

は「大学生活の比重」について調査しているが,「部活・サークル」の比重は減少し（1997年60.0％,2003年56.6％）,「学業・勉強」の比重が高まり（1997年50.7％,2003年55.9％）,大学の授業への出席率が上がっている（「80％以上」1997年62.6％,2003年67.1％）傾向がある。東京大学大学院教育学研究科 大学経営・政策研究センターが行った全国大学生調査によると,「興味がわかない授業でも出席するか」をたずねたところ,約8割の学生が肯定的に回答し（「あてはまる」＋「ままあてはまる」），また「なるべく良い成績をとるようにしている」かについても,約8割の学生が肯定回答をしていた。ほとんどの学生が興味がわかない授業でも出席し,成績はなるべく良い成績をとるようにしている。

　このように,近年の学生は以前と比べて授業によく出席するようになり,「勉強志向」や「まじめ」化傾向を強めている。それはなぜなのだろう。「勉強志向」が強まった要因について大学教育の変化,学生の就職への不安が指摘されている（武内 2007, 片桐 2008）。まず,現在の大学教育では出席が重視される傾向があること（東京大学大学院教育学研究科 大学経営・政策研究センター 2007）,また,学生は「格差社会」「負け組勝ち組」という言葉をよく耳にするなかで,必死で就職活動をせざるをえなくなっているという（片桐 2008）。

　つまり,学生の知的好奇心があふれてきて授業に出席しているというより,就職活動への不安から良い成績をとりたい,良い成績をとりたいから授業に出席するという側面があるようだ。

大学での学びは将来役に立つと考えていない大学生

　皆さんは大学で学ぶことと自分の将来についてどのように考えているだろう。大学で学ぶことは将来につながっていると考えているか,それとも大学で学ぶことは将来につながっているとはあまり考えられない,大卒という学歴が重要なので,単位をとるために学んでいるのか。

　全国大学生調査（東京大学大学院教育学研究科 大学経営・政策研究センター 2007）によると「大学在学中の目標」として「将来の仕事にいかせる能力を身につける」が「最も重要」と回答したものが31.8％,「重要」が41.9％,「ある程度重要」が17.1％と多くの学生にとって在学中に将来の仕事にいかせる

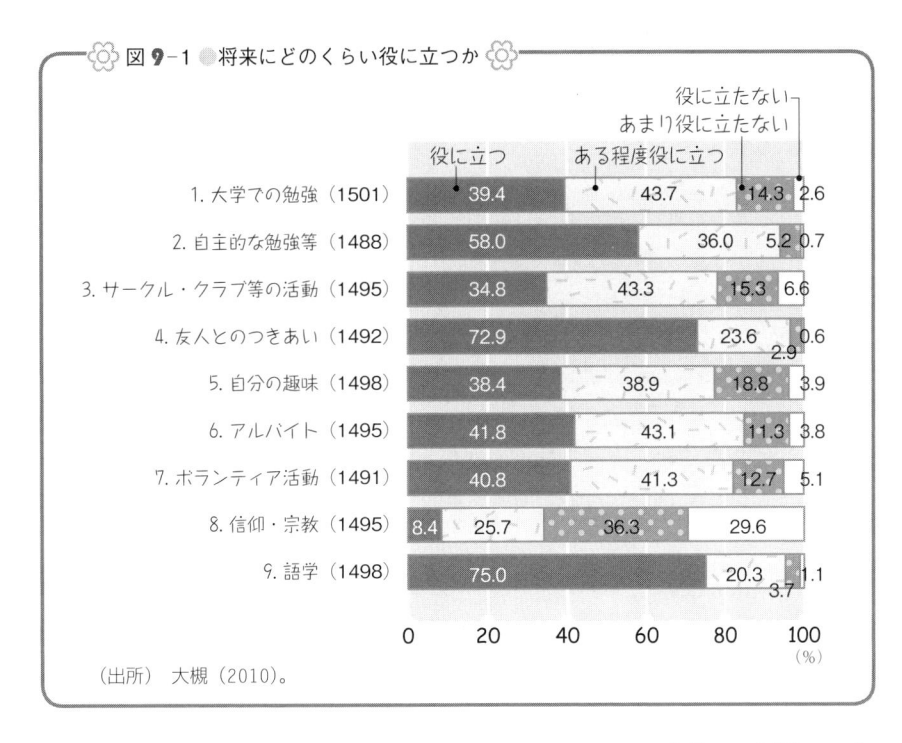

図 9-1 ● 将来にどのくらい役に立つか

項目	役に立つ	ある程度役に立つ	あまり役に立たない	役に立たない
1. 大学での勉強（1501）	39.4	43.7	14.3	2.6
2. 自主的な勉強等（1488）	58.0	36.0	5.2	0.7
3. サークル・クラブ等の活動（1495）	34.8	43.3	15.3	6.6
4. 友人とのつきあい（1492）	72.9	23.6	2.9	0.6
5. 自分の趣味（1498）	38.4	38.9	18.8	3.9
6. アルバイト（1495）	41.8	43.1	11.3	3.8
7. ボランティア活動（1491）	40.8	41.3	12.7	5.1
8. 信仰・宗教（1495）	8.4	25.7	36.3	29.6
9. 語学（1498）	75.0	20.3	3.7	1.1

（出所）大槻（2010）。

能力を身につけることは重要と認識されている。しかし，大学での授業はやりたいことに密接に関わっているか，については「全くあてはまらない」11.5%，「あまりあてはまらない」33.8%と半数近い学生にとって，大学の授業は卒業後にやりたいことと関連していないと考えられている。さらに大学の授業が将来の職業に関連する知識や技能に役に立っているかについて「役に立っている」17.2%，「ある程度役に立っている」42.4%であり，将来の役に立つと約6割しか考えていない。

　首都圏の女子大学において実施した在校生調査[i]でも同様の結果が出ているが，学年別に分析をしており，より顕著な傾向がわかる。「大学での勉強」をみてみると，「重要である」が全体では約53%，「ある程度重要である」とあわせると，全体の約93%の学生は，「大学での勉強」は重要であると考えている。「勉強志向」「まじめ志向」である。一方で，「重要である」と考える学生の割合は，1年生が約61%，2年生が約54%，3・4年生が約48%と，学年があがると「重要である」とする割合が低くなる傾向がある。

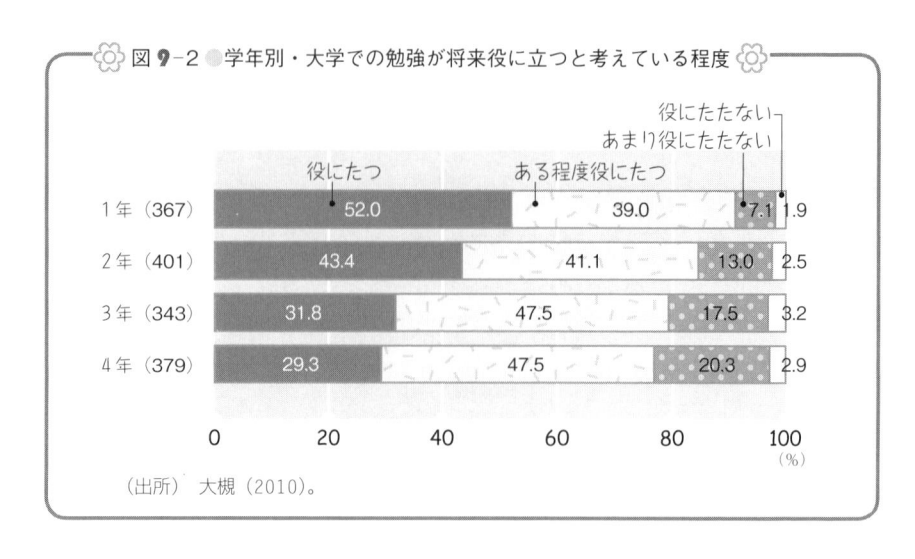

図 9-2 ●学年別・大学での勉強が将来役に立つと考えている程度

	役にたつ	ある程度役にたつ	あまり役にたたない	役にたたない
1年 (367)	52.0	39.0	7.1	1.9
2年 (401)	43.4	41.1	13.0	2.5
3年 (343)	31.8	47.5	17.5	3.2
4年 (379)	29.3	47.5	20.3	2.9

(出所) 大槻 (2010)。

　また，将来「役に立つ」と考えている割合（図 9-1 参照）は，「語学」（約75%），「友人とのつきあい」（約73%），「自主的な勉強等」（約58%），「アルバイト」（約42%），「ボランティア活動」（約41%），「大学での勉強」（約39%），「自分の趣味」（約38%），「サークル・クラブ等の活動」（約35%），「信仰・宗教」（約8%）の順であった。「語学」「自主的な勉強等」は重要と認識され，将来役に立つとも考えられており，勉強家の一面とみることができる。一方で，「大学での勉強」は，「今のあなたにとってどの程度重要か」では「アルバイト」「ボランティア活動」より重要とみなされていたが，将来役に立つかでは，「アルバイト」「ボランティア活動」より役に立つと考えられていなかった。「大学での勉強」が「将来役に立つか」については，「ある程度役に立つ」とあわせると，全体で約83%の学生は将来役に立つと考えているが，「役に立つ」だけをみると1年生が約52%，2年生が約43%，3年生が約32%，4年生が約29%と，学年があがると役に立つとする割合が低くなっている（図 9-2[ii] 参照）。

大学での学びと将来　大学生は大学の学びは将来に役立つとはあまり思っていない傾向がある。その一方で，在学中に将来役に立つことを身につけたいとも思っている。そんな状況を堀は，大学は実生活と乖離した知識ではなく，将来役に立ちそうな知識を得たいという学生のニー

ズにどう応えるかという問題と直面していると指摘している（堀 2007）。

　一方で，現在の日本の大学において教養教育の位置づけが後退し，専門的職業人の機能ばかりが膨らんでいるが，教養教育を人間性の涵養を目的とするととらえれば，教養教育は，大学で将来役に立ちそうな知識を得たいという学生のニーズに対しても有効であるともいわれている（居神ほか 2005）。たとえば，就職する際に重要な能力として「課題発見解決能力」「自主性・主体性」が指摘されているが（小杉 2007），堀はこれらの能力は大学の講義のなかでのグループ活動やゼミなどの教育活動を通じて身につけることが可能であるという（堀 2007）。さらに「課題発見解決能力」「自主性・主体性」は就職という狭い範囲だけではなく大学を離れたあと社会に参加するという広い文脈のなかで重要な能力として役に立つものであり，知識がすぐに陳腐化する変化の速い社会においては伝統的な教養教育が職業能力形成上も有効となる要素を備えているとみなすことができると指摘されている（堀 2007）。つまり，大学生があまり重視していない教養教育のなかにも将来に資する学びがあるというのである。

2 企業が大学生に期待すること

　大学での学びは将来に資するものになるということを述べた。しかし，大学の教員からこのようにいわれても皆さんは納得できないかもしれない。では，企業は学生にどのようなことを期待しているのだろうか。大学で学生に何を学んできてほしいと思っているのだろうか。企業に対して行ったインタビュー調査の結果から考えてみたい[iii]。

　調査からわかったことは，企業側は大学生に大学で職業訓練を積んで会社に入ってきてほしいとは考えていなかったし，大学で学んだことは会社に入ったら「役に立たない」とも考えていなかった。大学生には大学で人間としての力を総合的に伸ばす教育を受けてほしいと強く思っていた。企業はどのような人材を求め，どのような資質の若者を評価しているか，そして大学教育に何を期待しているのか詳しく紹介する。

企業の経営方針，組織と人材活用の方針について

インタビューの対象としたどの企業も，近年の経済状況の厳しさや少子高齢化などの社会の変化に伴って，いままでのやり方で会社を成長させることは難しいとの認識をもっていた。各社とも新たな戦略をねり，統合や分社といった組織の改編を行い，新たなビジネスモデルをつくりあげようとしていた。

たとえば，A社（電機）では，少子高齢化の進行により日本国内の市場が縮小し，将来的に国内市場の拡大が見込めないとの認識をもち，事業のグローバル化と環境エネルギー分野における新規事業の開拓という，2つの方向へ軸足を移行させようとしていた。B社（損保）も，少子高齢化社会のなかで従来のやり方で会社を成長させることは難しいとの認識をもち，とくに保険商品における自由化が実施されて以降は競争が激しくなり，より低価格でサービスを提供せざるをえない状況と考えていた。C社（ホテル）では，リーマンショックに大きな影響を受け，組織（人材配置）の見直し，営業の強化が課題となった。関連会社を吸収合併し，双方の人材の交流を積極的に行い，それぞれで培われてきた経験を融合させながらサービスの質を向上させる方向を打ちだしている。また，国内の営業を一本化しより効率的な営業をめざし，さらに海外市場に向けた営業活動を強化している。D社（天然石油ガス）は数年前に2つの会社が統合して経営の強化を図り，市場は海外であるとの認識をもっていた。

重点的に人材を配置する部門も変化していた。A社（電機），B社（損保），C社（ホテル）では今後の成長が期待される海外部門の営業に人員をより多く投入していこうと考えていた。B社では事務手続きの多くの部分が機械で代替できるように変化し，事務を執る人の必要数は減り，一方で，対人対応を必要とする職務には，より多くの人材を投入していく方針をもっていた。B社では，対人対応を要する職務のほうが事務職よりも難易度が高いと評価しているが，その意味では，より難易度の高い職務に就く人を増やしていこうという考えであった。また，A社では即戦力として期待される中途採用の採用数が年々増加し，一時期は，新卒6対中途採用4という割合にまでなり，D社（天然石油ガス）やE社（非営利）も，従来は中途採用に対して消極的であったが，より優秀な人材を確保していくために，積極的に仕掛けることを始めていた。

企業が求めている人材

　企業はどのような人材を求めているのだろうか。A社（電機）では，ほしい人材の要件として，グローバルな事業展開の実現に向けて力を発揮しうる人材および環境エネルギ分野の強化において今後必要とされる技術者があげられた。前者は，海外の販路も仕組みも何もないような土地に出て行って，そこで一からビジネスを立ち上げていくような，チャレンジ精神，あるいはハングリー精神をもった人が求められていた。さらに，多様な価値観のなかで，したたかに自分の意を通していくような人材，組織のなかできちんと自己主張でき，組織に新しい価値観をもたらす可能性がある人材が評価されていた。

　B社（損保）では，決まった枠組みをきちんとこなすだけでなく，自分なりにプラスアルファを付け加えることができる，人に対する許容範囲が広くどのような相手であっても臆せず対応できるという2点があげられ，総合職の場合は，起業家精神のようなものや，見知らぬ土地に転勤を命ぜられてもやっていけるたくましさも必要と指摘された。

　C社（ホテル）では，①海外から来るホテル利用者の増加をめざしていることもあり，語学力のある人，②営業の落ち込みへの対策として，マーケティングのできる人，つまりホテルの商品を企画立案できる人，③現在では予約をウェブサイトで承るといったように，ホテル業でも業務のIT化が進んでいるので，ウェブ，IT関係に精通している人を求めていた。

　E社（非営利）では，①「自立」している人材であること，②大きな組織であり，チームとして仕事をしているので，「協調性」があること，③相手の立場に立って考える，「尊重できる心」をもっていること，④真に社会から求められるニーズに対応していくためにはつねにチャレンジしていかなければならないので，組織としても人としても，「挑戦していける心」をもつことが，そして，今後は，どんな状況でもタフにこなしていける，乗り越えていけるような人材が，採用の優先順位としては高くなるという。

　F社（法律）でも，コミュニケーション力，自分で考える力，仕事を積極的にやっていく姿勢，新しいことにチャレンジする精神，自分がした仕事の成果を誇りにもつという価値観のある人材があげられ，D社（天然石油ガス）では総合職としては，国際性とその意欲がある人，一般職としては周りが働きやす

いように気が回る，気配りができることがあげられた。

　つまり，①多様な価値観のなかで，きちんと自己主張でき，したたかに自分の意を通し，組織に新しい価値観をもたらす可能性がある人材，②決まった枠組みをきちんとこなすだけでなく，自分なりにプラスアルファを付け加えることができ，主体的に動くことができる人材，③どんな状況でも乗り越えていけるような人材，チャレンジ精神・起業家精神をもった人材，があげられた。また，国際性や営業・企画力，ITの技能も重視されていた。

若者への評価と大学に望むこと

　若者への評価としては，第1に精神的に弱い傾向があること，第2に自分から何かをやろうという意識が薄くなっていること，第3によい意味での競争意識をもっておらず協調性ばかり重視することが主にあげられた。そして，近年の若者は，全般的に自分と同じ世代だけで固まる傾向があるが，さまざまな価値観のなかでもまれながら自分を出していくということの重要性，社会や集団のなかでもまれ，うまくいかない経験をすることの必要性が指摘された。また，就職という点においては，就職を競争の延長線上で考えている人が多く，自分がどのような人生を送りたいのかという点があいまいなままであり，どう生きるか，自分がどのような人間であるかを考える必要があるという。

　さらに，大学教育に望むこととして，大学においてインターンシップを含めて，職業人教育に力点が置かれる傾向が強まっているが，就職予備校的なプログラムではなくて，目先の就職とは別の次元での，学生を多様な価値観にふれさせ，学生の視野を広げるような教育活動を行ってほしいとの要望，自立した人間を育てるのが大学の大きな役目であり，職業人としての専門的な育成は入社してから行うので，大学には，まず人間としての力を総合的に伸ばす教育を行ってほしいとの要望があげられた。

　調査対象とした企業は，最近の大学生が大きな関心をもっている，在学中にインターンシップ等の職業的な訓練を受けるということを重視していなかった。また，すぐに役に立つ知識も求められていない。それよりも，大学教育のなかで人間としての力を伸ばすことを期待していた。

3 学びを深めるには

疑問をもとう

この章を読んできて，皆さんはどんな疑問をもっただろうか。何の疑問ももたなかったという場合は，本章の最初の部分を読み返してほしい。大学での学びは疑問をもち，みずから問をたて，それに自分で答えていくことで深まっていく。たとえば，本章で紹介した，大学生は勉強志向になっているという点について，どう思っただろうか。企業調査からみたほしい人材や大学で学んできてほしいことについてはどのような感想をもっただろうか。とくに，企業調査の結果について「本当だろうか，違うのでは？」と思った人もいるのではないか（筆者としては自分の行った調査に基づいて述べているので本当だと考えている。一方で，より調査を重ねる必要はあるとは思っている）。

「本当か？」と思ったらあなたが次にすべきことは何だろう。この章を読むのをやめることか，「なんだかね」と思うことか。そうではないだろう。このような疑問をもったあなたが次にすべきことは，自分自身で企業がどのような人材を求めているかを調べることだ。調べ方はいろいろあるだろう。企業にほしい人材や大学教育への要望を聞いた別の調査を探してみてもよい，経済紙等に書いてある企業の採用の方針を読んでみるのもよい。自分で企業に聞きに行くというのもよいと思う。つねに疑問をもち，自分でその疑問に対して答えを探すことをしてほしい。これを繰り返していけばあなたの学びは深まっていくはずである。そして，何よりも自分で疑問をもち，自分で答えるという能動的な姿勢のなかに学ぶことの楽しさを見いだすだろう。

すべては学ぶことから始まる

小学校，中学校，高校，大学と学んできた皆さんにとって学ぶことは日常であり，いつでもそこにあるものと考えているだろう。しかし，学ぶことがつねに身近にあるのは教育組織に身を置いているからであり，教育組織から一歩外にでれば，学ぶことはすぐそばにあるものではない。みずから求めないと手に入らないものになる。一

方で自分の意思と行動によっていつでもどこでも何からでも学ぶことはできる。書籍，テレビ，周りの人，日々の生活のなかから学ぶことはできる。

　そして，学ぶことからすべては始まる。私たちが経験できることは残念ながら限りがある。しかし，学ぶことによって経験していないことも知ることができる。私たちが自分で考えられることにはやはり限りがある。だが，他の人の考えを学ぶことによって新しい視点を得ることもできるし，別の観点から考えることもできる。学ぶことは自分の世界を限りなく広げていくこと，新しい世界に出会っていくことなのだ。そして，大学は体系的にさまざまな考えや経験を学ぶことができる場なのである。第1には学問研究を通して，さらには，大学における友人や教員といった他者とのつながり，サークルやボランティアといった組織的な活動から学ぶことができるのである。

学びを深める

　学ぶことについて述べてきたが，よりよく学び，学びを深めるためには何が必要なのだろうか。第1に，ちゃんとした準備をすることだと思う。たとえば，テニスを習おうとするとき，あなたはどんな準備をするだろう。自分にあったラケットと靴とウエアを用意し，事前に柔軟体操をして体をほぐし，やる気があれば素振りもするかもしれない。なぜこのような準備をするのだろう。自分にあった用具がないとうまくプレイできないだろうし，前もって体を動かしていないと体はすぐに動かないし，体への負担を考えると危険なこともあるからだろう。皆さんはこのような準備を学ぶときにつねに行っているだろうか。たとえば，大学で講義を受ける際に，その講義を受ける準備をしているだろうか。もしいままであまり考えたことがなかったら，これから学ぶ準備について考えてほしい。講義の前に該当の教科書を読んでおけば，理解はずいぶん違うだろう。講義の直前，教員が教室に入ってくるまでの時間に前回のノートを見返すことはしているだろうか。これは5分もかからないことだが，何を学んだかを確認し，いまから学ぶことを理解するウォーミングアップになる。ぜひやってみてほしい。また，うまく自分が学べていないと思ったら，学ぶ準備や学び方が正しいか見直してほしい。テニスにたとえるなら，自分の体にあったラケットや靴をちゃんと身に着けているのか，練習方法は自分にあっているのかを確認することである。

第2に，学ぶ気持ちをつねにもとう。先にも述べたが，私たちは何からでもいつからでも学ぶことはできる。しかし，自分がいま，この時点で，これについて学んでいるのだと意識する必要がある。漠然と行動していても学ぶことにはならない。また，学びの過程から何を得たのかを意識することも重要である。たとえば，本書で紹介した大学生が勉強志向になっているというデータや企業がほしい人材についての調査の結果からあなたは何を得ただろう。疑問をもち自分で新たな問いをたてつつ，新しく得た知識のどこから何を学んだかを考えてほしい。

　最後に，外に出て学びをいかす「場」と「機会」を自分でつくろう。それは家族のなかだったり，友人関係，サークル，アルバイト先だったりするだろう。学外のセミナー，インターンシップ，ボランティアもよい「場」と「機会」となるだろう。

　たとえば，学びをいかす「場」「機会」としての家族について考えてみよう。家族って何だろう。家族は仲が良くてあたりまえなのだろうか。家族なのに気持ちがわかり合えないというのは変なことなのだろうか。離婚やステップファミリーというのはどう位置づけられるのだろう。ある学問分野では「病理」と考えられるかもしれないし，ある学問分野では「逸脱」とはみなされないだろう。「家族」について学んだら，さらには「病理」や「逸脱」といった考えを学び，現実の社会をみるときに援用してみよう。

　サークルやアルバイト先の居心地はどうだろう。関わる人の個性や年齢も多様になり，関係性が複雑になってくる。自分はサークルやアルバイトにおいてどのような貢献ができているのか，いま何が課題で，それをどう解決していけばいいのか。この問いに答えるには，状況を分析し，問題解決の方法を考え，問題を解決することが必要であるが，これは，大学の学びである疑問をもち，自分で問いを設定して，それに自分で答えを出すことの応用編である。学びを応用する「場」と「機会」を自分でつくり，応用編を楽しんでほしい。このことによって自分の学びをいかし，より深めていけるだろうし，何より自分自身を成長させ，豊かな人生を楽しむことができるだろう。

大槻　奈巳

参考文献

居神浩ほか，2005，『大卒フリーター問題を考える』ミネルヴァ書房。
大槻奈巳，2010，「リベラルアーツ教育と女子大学生のキャリア意識」『聖心女子大学論叢』114，159-175。
片桐新自，2008，『不安定社会の中の若者たち――大学生調査から見るこの20年』世界思想社。
小杉礼子，2007，「企業からの人材要請と大学教育・キャリア形成支援」小杉礼子編『大学生の就職とキャリア――「普通」の就活・個別の支援』勁草書房。
全国大学生活協同組合連合会，2006，『第41回 学生の消費生活に関する実態調査報告書』（Campus Life Data 2005）。
武内清編，2004，『12大学・学生生活調査』上智大学・学内共同研究報告書。
武内清，2007，『現代大学生の生活と文化――学生支援に向けて』平成16-18年度文部科学省補助金（基盤研究(B)）最終報告書（課題番号16330167）。
東京大学大学院教育学研究科 大学経営・政策研究センター，2007，「全国大学生調査」集計結果，東京大学大学院教育学研究科 大学経営・政策研究センター（http://ump.p.u-tokyo.ac.jp/crump/cat77/cat82// 2013年12月1日取得）。
堀有喜衣，2007，「大学の就職・キャリア形成支援の現状と課題」小杉礼子編『大学生の就職とキャリア――「普通」の就活・個別の支援』勁草書房。

注）

i 教養教育を主体とする首都圏の女子大学において2008年6月から7月にかけて，在籍している1～4年生の全員を対象とし質問紙調査を行って得たものである。大学内の研究室と一部のクラス担当教員経由で調査票を配布し，学生は自記式で質問紙へ記入した。配布数2223票，回収した有効調査票は合計1507票，回収率は67.8％であった。
ii 無回答を除いて集計した。
iii 本調査は，2009年2月に企業6社に対して，求人ニーズを明らかにするために実施した。

ワークシート ❾

学校で学んだことをいかそう

多くの授業のなかであなたの関心がどこにあるのか確認しよう。また，大学での学びと自分の生活の橋渡しを考えてみよう

●WORK●1
好きな授業は？

●WORK●2
授業のなかで関心をもったことは……

●WORK●3

大学で学んだことと自分の生活との接点を考えてみると……

●WORK●4

大学で学んだことを自分の生活に応用してみると……

●WORK●5

学校での学びを応用する「場」として考えられるのは……

Message

先輩からのメッセージ⑥

名前：佐藤信輔（さとう・しんすけ）
職業：出版編集者
年齢：27歳，社会人6年目
学歴：2007年 早稲田大学卒業

　私は，昔から文章を読んだり書いたりすることが好きで，できれば文字に携わる職業に就きたいと思い，メディア業界のなかでも出版社に入社しました。趣味や実用に関連する書籍・雑誌の編集を担当していますが，最近ではテレビ番組用の講座テキストの編集に取り組んでいます。雑誌編集の仕事では，いろいろな職業の方と出会う機会が多く，また共同作業で1つの仕事を仕上げていくことになります。たとえばテキストの編集作業では，テレビ制作スタッフやプロデューサー，カメラマン，講座の担当講師の教員，装丁デザイナーやイラストレーターなど，多くの人の手による共同作業を通して1冊のテキストをつくりますので，チームワークとしての連携がたいへん重要になります。「活字離れ」がいわれて久しいいまは，書籍や雑誌など文字媒体を中心とするメディア業界にとって厳しい時代といえます。しかしそれでも，時代の潮流に合った新しい価値観やライフスタイルを提示していく感性をもち続け，現代人の共感を呼び覚ますことに挑戦し続けることで，仕事への大きな充足感が得られます。また多彩なテーマを扱う編集の仕事を通じて，常日頃よりさまざまな分野の専門知識に触れる機会があります。いつも「素人であること」を自覚し，初心者としての素朴な疑問をもち続けることが，読者目線の角度から共感を呼ぶ作品を生みだすことにつながると実感しています。

　どのような仕事にも共通していえることですが，初心を忘れずに自分の軸足をしっかり据えて，異なる立場の意見にただ流されてしまうことなく，みずからが納得するまで仕事をやり遂げていきたいと思っています。そもそもこの仕事を選んだ理由は，未知なる世界への視野を広げ，できるかぎり多くの人と問題意識や興味関心を共有したい，ということでした。そのためには，つねに読者と共に学び考えるという姿勢や知的な好奇心をもち続けることが大切です。キャリアデザインに関しても，ある特定分野の専門的な知識を習得することは確かに大事なことです。ただ学生時代には，そのような狭い世界にただ閉じこもることなく，むしろできるだけ多くの知らない世界にも目を向け，知的好奇心や問題関心をもって未知なる地平をめざし，探究していく「進取の精神」を養うことが，望ましい結果をもたらすと思います。将来どのような職業を選択するにしても，幅広い視野と未知なるものに対する知的探究心が，卒業後の職業生活や人生を充実したものにしてくれるでしょう。

第10章

人生のロールモデルを探す

design

ロールモデルとは何だろうか。自分にはどんな職業が向いているのか，何を目標にすればいいのかわからないと感じている人も多いだろう。将来のキャリアを考えるうえで，参考になる事例を，身近なところで探してみよう。

1 ロールモデルとは

理想の生き方，将来の役割規範

あなたには，自分の将来を考えるうえで，憧れの存在といえる大人が身近にいるだろうか。たとえば，将来学校の教師をめざしている学生のなかには，小中高時代に「理想の教師」と思える先生に出会い，自分もそのような素晴らしい先生になりたいと思ったことが志望の動機だという人が少なくない。

ロールモデル（role model）とは，このように将来の自分の生き方のお手本となる人物のことだ。直訳すれば「役割モデル」「役割規範」である。その人の行動やふるまい，考え方を参考にし，学習・模倣するのにふさわしいと思える事例のことをいう。教師をめざす学生にとって，子どもの頃に出会った「理想の教師」は，彼ら／彼女らにとってのロールモデルというわけだ。

将来なりたい職業が教師の場合，ロールモデルを身近に見つけることは比較的たやすい。なぜなら，教師はほとんどすべての人にとって，子どもの頃の学校生活を通じて，もっとも身近に触れることができる職業人だからだ。しかし，教師以外の職業は必ずしもそうではない。近年では学校でのキャリア教育の振興によって，職場見学や職場体験活動を行ったり，職業人の講演会が開催されるなど，さまざまな職業の実際を垣間みる機会は増えているものの，自分が本当にやりたい仕事についている人で，また家庭生活などプライベートな生き方も含めて憧れの対象となりうるようなロールモデルと出会うチャンスは，おそらく少ないのではないだろうか。

男性にとってのロールモデル／女性にとってのロールモデル

ロールモデルは，男性のほうが女性よりも見つけやすいといわれる。なぜなら，男性の場合，就職すれば可能な限り定年まで働き続けることが当たり前という価値観が一般的であり（ただし非正規雇用の場合など，それが適わないことも往々にしてあるのだが），看護や福祉など一部の職場を除くほとんどの職業で，働き続ける男性を見つけることが可能だからである。

一方，女性が自分にあったロールモデルを見つけることは，男性ほど簡単ではない。わかりやすい例をあげるならば，その道のプロの職業人を紹介するNHKの番組『プロフェッショナル仕事の流儀』は，放送回数230回を数えるが（2014年4月現在），女性の職業人が単独で取り上げられたのは計42回，全体の約2割にとどまる。職業の世界で目立った活躍を見せているのは，まだまだ男性のほうが多いのである。

　女性の場合，「男性は仕事，女性は家庭」という性別役割分業規範のもとで，職業だけでなく家庭生活に対する責任を男性よりも多く負わされているのが現状だ。そのため女性には，男性のように仕事を継続するだけでなく，結婚・出産・子育てによる退職や再就職など，多様なキャリアパターンが存在する。なりたい職業と理想のキャリアパターンを兼ね備えた，自分にあったロールモデルを身近に見つけるのはなかなか難しい。とくに，女性の進出が十分に進んでいない分野，たとえば理工系の研究・技術職や一般企業の管理職，政治家などの意思決定分野には，ロールモデルの数自体が少ないため，誰かを手本にその仕事をめざすことは男性よりも困難である。

　近年では男性でも，企業や組織に縛られないスローな働き方を望んだり，家事・育児に積極的な「イクメン」に憧れるなど，従来の男性の典型的な仕事一辺倒の働き方とは異なる生き方を理想とする人もいるだろう。ニュースやコマーシャルで「イクメン」が取り上げられるようになったものの，男性の育児休業取得率は2012年度で1.89％にすぎない。しかもこの数字は前年の2.63％を0.74ポイント下回っており，男性の育児参加が容易に進んでいないことがわかる。このような現状では，仕事だけでなく家庭や育児にもっと力を注ぎたいと願う男性は，多くの女性たちと同様，身近に適切なロールモデルを見つけるのは難しいかもしれない。

　女性にとっても男性にとっても，自分の理想となるようなロールモデルを見つけることは，将来のキャリアをデザインするうえで役に立つだけでなく，あなたの人生をより豊かにするための指針となるはずだ。たとえいま，あなたの身近にロールモデルを見つけることができなくても，けっしてがっかりすることはない。さまざまな既存のキャリア事例集を使ってロールモデルを探すこともできるし，あるいは身近によいロールモデルが存在することにあなたが気づ

いていないだけかもしれない。次節では，既存の事例集を使って将来のキャリアデザインを考える方法を紹介しよう。

2 事例を分析してみよう

さまざまなロールモデル集　さまざまな分野で活躍する人の仕事内容と現在にいたるキャリア形成のプロセスをインタビュー等に基づいて紹介する記事は，書籍やウェブサイト上に意外と多く見つけることができる。そのなかから代表的なロールモデル集をいくつか紹介しよう。

まず，女性については，2003 年に内閣府男女共同参画局が「女性のチャレンジ支援策」を打ちだしてから，さまざまな職業分野への女性の進出を促すために，各分野の女性のロールモデルが収集・紹介されるようになった。内閣府は新しい分野にチャレンジしたい女性のためのポータル情報サイトとして「チャレンジサイト」を公開し，「働く」「まちづくり」「キャリアアップ」「ボランティア」「起業」「研究」「NPO」「国際」「農林水産」「育児介護」「理工系」の各分野で計 188 例のロールモデルを紹介している（2014 年 4 月現在）。また，都道府県をはじめとする各自治体でも地域ごとのロールモデルを紹介する「地域版チャレンジサイト」がつくられており，その一部ではロールモデル女性が紹介されている。たとえば，福岡県男女共同参画センターあすばるのサイト「チャレンジナビ」では，「働く・キャリアアップ」「政治・行政」「起業」「NPO・ボランティア」「農林水産」「国際・まちづくり」「研究・専門職」「文化・芸術／伝統工芸」「子育て支援」「福祉」の各分野で計 258 例のロールモデル女性を紹介している。

このほか，「日経ウーマンオンライン」の連載コラム「知りたい！ なりたい！ こんな職業」では，月 1 回，専門職・サービス業などの概ね 30 代の女性の仕事と生活を一日のタイムスケジュールとともに紹介している。

なお，国立女性教育会館「女性のキャリア形成支援サイト」では，ここまで紹介した内閣府チャレンジサイトをはじめとする全国のさまざまな女性のロールモデル収集サイトを横断検索することができるほか，独自に収集した女性

表10-1 ●ロールモデル集の例

名　称	編集・発行元	内　容	主な収録事例
女性のキャリア形成支援サイト http://winet.nwec.jp/career/	国立女性教育会館	独自の収集事例のほか，内閣府，自治体，民間各種団体のロールモデル事例を横断検索できる。	キャリアアップ，起業，NPO，農業，地域づくり・政治，国際，研究
チャレンジ・サイト http://www.gender.go.jp/e-challenge/	内閣府男女共同参画局	女性のロールモデルを11の分野ごとに紹介。	キャリアアップ，起業，NPO，まちづくり，研究，国際，農林水産，育児介護，理工系
チャレンジナビ http://www.asubaru.or.jp/role_models/	福岡県男女共同参画センターあすばる	福岡県で活躍する女性のロールモデルを分野ごとに紹介。	キャリアアップ，政治・行政，起業，NPO，農林水産，国際・まちづくり，研究・専門職，文化芸術，子育て支援，福祉
日経ウーマンオンライン 「知りたい！なりたい！こんな職業」 http://wol.nikkeibp.co.jp/article/column/20090826/103828/	日経ＢＰ社	さまざまな分野で活躍する女性のインタビューを一日の時間の使い方とともに紹介。	専門・技術職，キャリアアップ，起業等
さくや姫プロジェクト 「さくや姫」「さくやな人々」 http://sakuyahime.jp/	静岡県男女共同参画課	さまざまな分野で活躍する静岡県にゆかりのある女性（「さくや姫」），男性（「さくやな人々」）を紹介。	専門・技術職，起業，NPO，まちづくり，福祉等
男女共同参画と男性 「男性の地域活動の事例」 http://www.gakusyu-program-nwec.jp/exam2/	国立女性教育会館	男性の地域活動の事例をキャリア形成の視点から紹介。	NPO，地域活動，ワーク・ライフ・バランス
イクメンプロジェクト http://ikumen-project.jp/index.html	イクメンプロジェクト（厚生労働省雇用均等・児童家庭局委託事業）	育児休業を取得するなど育児を積極的に行う男性の体験談を「イクメンの星」として紹介。	ワーク・ライフ・バランス
年表創造コミュニティHisty 「ロールモデルを探せ！」 http://histy.jp/interview/	㈱スマイルメディア	自分史の作成を支援するSNSサービス内の1コーナー。インタビューと年表でロールモデル（男女）を紹介。	専門・管理職，起業，地域活動
ロールモデル集 「理系女性のきらめく未来」 http://www.jst.go.jp/gender/rolemodel.html	科学技術振興機構（JST）	理工系分野で活躍する女性のロールモデル集。	理工系の研究・技術職の女性

（注）　URLは2014年4月時点。

のキャリア形成事例をまとめた冊子も刊行している（国立女性教育会館編 2005a, 2005b, 2007)。

　次に，男性のロールモデルについては，いわゆる一般的な就活支援サイト等でも数多く見つけることができるが，ここではとくに育児など家庭生活との両立や，地域活動・社会貢献活動などによるキャリア形成事例を多く取り上げたロールモデル集を紹介しよう。静岡県男女共同参画課の「さくや姫プロジェクト」は，静岡にゆかりのある女性人材データベースとしてスタートした後，広い意味で男女共同参画に関わる男性を「さくやな人々」として計63例紹介している。たとえば，介護専門住宅を提供する建築士，ダイバーシティやワーク・ライフ・バランスの実現に取り組む事業主，まちづくり NPO を設立した人，などである。NPOなど地域活動に取り組む男性のロールモデルとしては，国立女性教育会館「男女共同参画と男性」サイト内の「男性の地域活動の事例」もある。また，企業等で働きながら子育てにも積極的に取り組む「イクメン」男性の事例については，厚生労働省「イクメンプロジェクト」において「イクメンの星」として，育児休業を取得したケースなどについて当事者の声が紹介されているので参考にしてほしい。

　ここで紹介したもののほかにも，たとえば企業や大学のサイトで社会人の先輩へのインタビューを掲載するなど，探せばたくさんのロールモデルが見つけられるはずだ。現時点での自分のなりたい職業だけにとらわれず，その人のキャリア形成のプロセスが具体的にわかるような事例を探すとよいだろう。

事例分析①　キャリア年表を使う

　興味をもったロールモデルの事例を見つけたら，いくつか選んでその人のキャリア形成プロセスを分析してみよう。まずは，章末のワークシート「キャリア年表」を使って，ロールモデルのライフ・ヒストリーを時系列に沿って書き出してみよう。図 10-1 は，不動産鑑定士として働く女性の事例をキャリア年表にまとめたものである。

　「キャリア」とは，主に職業経験の積み重ねをさす言葉のように思われていることが多いが，それだけではなく，学校教育をはじめとするさまざまな学習活動，結婚や子育て，子どもの頃のしつけなど家庭生活のなかでの経験，地域活動・社会活動の経験，あるいは趣味や余暇活動など，その人の人生すべてが

図 10-1 ● ワークシート使用例

〔 ○○　○○ 〕さんのキャリア年表

職業：　不動産鑑定士　　　　　　　　　　年齢：　35　歳

年齢	学習・活動 (学校・生涯学習・社会活動など)	仕事 (職業キャリア)	家庭生活	その他
18	地元の高校を卒業			
22	東京の大学を卒業			
		大手住宅メーカーに就職		女性は補佐的な仕事に回されることが多く,このままではスキルアップできないと感じる
	宅地建物取引主任者の資格の勉強を開始			
	不動産鑑定士の資格の勉強を開始			
23		地元の関連会社へ異動		東京→地元へ
		退職	結婚	
26	資格取得のため予備校へ	不動産鑑定士事務所でアルバイト		
27	資格の 2 次試験に合格		出産	
	キャリアアップ講座を受講	アルバイト先で実務経験を積む (2 年間)	仕事,子育て,資格の勉強をこなす	多忙ななか,何事もやる気を持って段取りよく取り組むように努力
30	3 次試験に合格,資格取得	不動産鑑定士登録		
32	ファイナンシャル・プランナーの資格取得			
35		不動産鑑定士としてのキャリアを積む	夫とともに小学生の子どもを育てる	キャリアアップのためもっと専門的な勉強がしたい

現在の「キャリア」を形成している。キャリア年表は、そうした多様な領域にわたるその人の経験を「学習・活動」「職業」「家庭生活」「その他」の4領域に整理し、現在のキャリアがどのように形づくられてきたのか、そのプロセスを視覚化するためのワークシートである。記入にあたっては、公開されているロールモデルのキャリアに関する情報は限定的であることが多いため、さほど正確さを求める必要はない。とくに重要な転機になった出来事や、現在の職業・活動につながる経験の流れをつかむことがこの作業の目的である。

事例分析②
キャリア分析を図にまとめる

ロールモデルのキャリア年表が完成したら，その人の現在のキャリアにつながるきっかけとなった出来事や経験，家庭生活も含めたキャリアの転機や障害とその乗り越え方を見いだし，図にまとめるなどして分析してみよう（図10-2）。事例の分析は1人でもできるが，できれば同じ事例について友だち数人で意見交換しながら図にまとめてみるとよい。自分にはなかった視点や異なる考え方を出し合うことで，ロールモデルのキャリア形成プロセスをより立体的に理解することができるだろう。

こうしたロールモデルのキャリア分析を通して，自分が将来どのようなキャリアをたどりたいか，改めて思い描いてみよう。

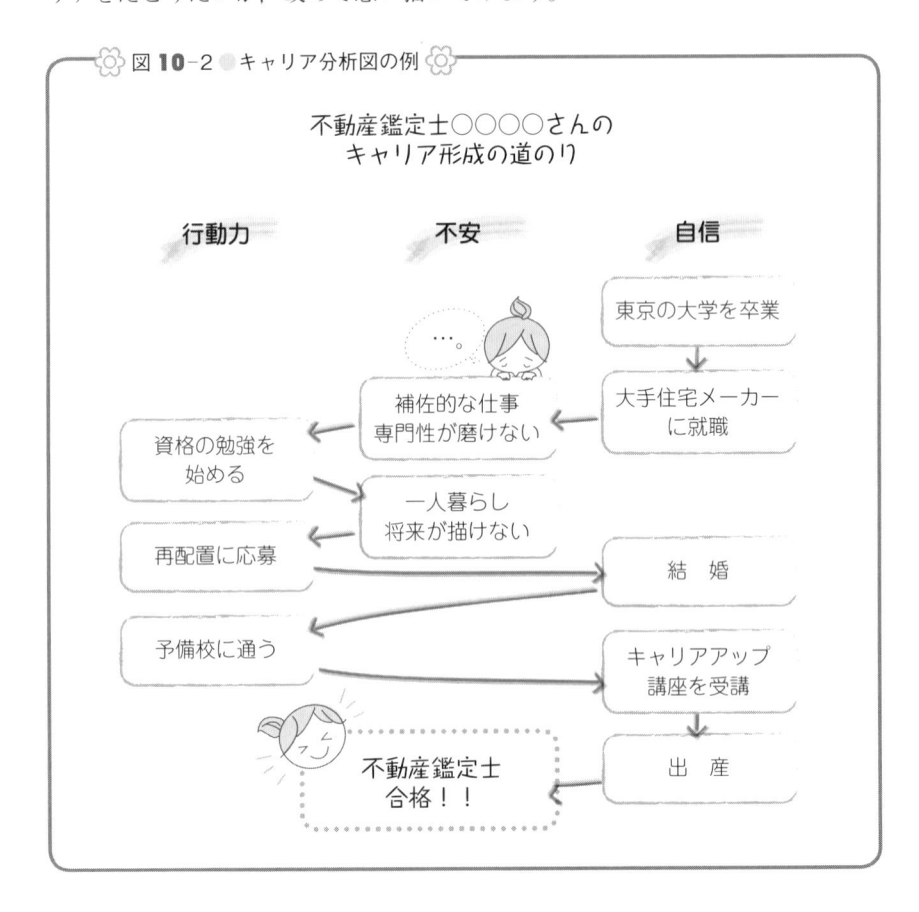

図10-2 キャリア分析図の例

不動産鑑定士○○○○さんのキャリア形成の道のり

行動力	不安	自信
		東京の大学を卒業
	補佐的な仕事 専門性が磨けない	大手住宅メーカーに就職
資格の勉強を始める		
	一人暮らし 将来が描けない	
再配置に応募		結婚
予備校に通う		キャリアアップ講座を受講
		出産
不動産鑑定士合格！！		

3 ロールモデルにインタビューをしてみよう

身近なロールモデルを探す

あなたの周囲の大人たちのなかにも、ロールモデルはたくさん存在している。マスコミで大きく取り上げられるような、誰もが憧れるロールモデルも存在するが、地域や学歴など、自分の状況と比べてあまりにも条件が違う事例だと、かえって参考にしづらい場合もある。それよりももっと自分にとって手が届きそうだと思えるような身近なロールモデルを探してみることが大切だ。あなたがお手本にしたいと思う身近な社会人に、実際に話を聞いてみよう。

インタビュー実施のプロセス

ロールモデルへのインタビューは1人で計画・実施することもできるが、数人のグループで協力し、役割分担をしながら実施するとよりスムーズに大きな効果が得られる。ここでは、筆者が大学1年生向けの少人数ゼミ（1グループ7名程度）で行ったインタビューの実施プロセスを紹介しよう。

(1) **事例分析**

まず、インタビューを行う前の事前準備として、前節で紹介した既存のロールモデルのキャリア分析を2～3人1組で行う。ロールモデルのキャリアがその人のこれまでの生活全般から形成されてきたことを理解するとともに、これから行うインタビューを最終的に原稿としてまとめた際のイメージをつかむことが目的である。

(2) **インタビュー方法を学ぶ**

次に、基本的なインタビューの方法について、テキスト等を使って学習する。S. B. メリアム（2004）の第4章「効果的なインタビューの実施」、河西（2005）等、インタビュー方法についてまとめられたテキストを輪読し、ロールモデルへのインタビューでは、事前に決定した質問事項に基づきつつ、話の流れによって対象者の自由な会話を引き出す「半構造化インタビュー」の方法を採ること、「はい-いいえ」で回答が終わってしまう形式の質問ではなく、具体的な

キャリア形成の過程を引き出せるような良い質問を用意すること，その他調査にあたっての基本的なマナーなどを確認する。

(3) 相互インタビューの実施

インタビュー方法について学んだら，各自で簡単な質問項目を用意し，2人1組で相互インタビューをしてみるとよい。実際にロールモデルへインタビューを行う前に，インタビューする側とされる側の両方を体験することで，インタビューの難しさや，どんな聞き方をすると相手が答えやすいのか等を知ることができる。

(4) インタビューガイドをつくる

ここまでの事前準備ができたら，いよいよ次はロールモデルにたずねたいことを質問項目としてあげ，それらを分類・整理して対象者が答えやすい適切な流れに並べ替えた「インタビューガイド」を作成しよう。キャリア形成に関するインタビューの質問項目は，①現在の仕事内容について，②学生時代～現在までのキャリア形成プロセス（志望の動機などを含む），③家族関係について（結婚，育児など），④これからの展望，のように大きく分類できることが通常であろう。インタビューガイドを作成することで，グループのメンバー全員が質問項目と話の流れを共有することができる。

(5) 対象者を決める

質問項目を考えることと並行して，インタビューの対象とするロールモデルを決めなければならない。自分のなりたい職業に就いている人，同じ大学の卒業生，家族の知人など，身近な「コネ」を使ってロールモデルにアプローチしてみよう。10年～20年後の自分のキャリアを想像することを考えると，20代後半から40代くらいまでの人を選ぶとよいだろう。参考までに，授業で学生が実施したインタビューでは，学生の地元の習い事の先生，授業で訪問した公共施設の職員（公務員），地元で活動している社会活動団体の主宰者，など，学生たちの身近な社会人を人づてに紹介してもらい，ロールモデルとして依頼した。対象者が決まり，連絡を取ることができたら，早速インタビューの趣旨を伝えて協力をお願いし，相手の都合に合わせてアポイントを取ろう。

(6) インタビューを実施する

インタビュー本番は最低でも2人1組で行うとよい。インタビューガイドに

基づき質問をするインタビュアーと録音・メモをとる記録係で役割分担し，相互に確認しながら進めるとよいだろう。インタビューにかける時間は質問内容にもよるが，だいたい1時間以内で終了することを目安にしよう。インタビュー方法について学習したことや相互インタビューで気づいたことに留意しながら実施してみよう。

(7) インタビュー原稿をまとめる

インタビューが終わったらできるだけ時間を空けずに，録音したインタビューをテキストに起こし，当日とったメモをもとにインタビューガイドに沿ってインタビューデータを整理しよう。そのうえで，実際にはインタビューに行かなかった他の学生にも伝わるように，ロールモデルのキャリア形成を文章としてまとめてみよう。グループごとに原稿をまとめたら，ゼミの学生同士で発表し合い，お互いに意見交換してみよう。

身近なロールモデルのキャリア形成事例：学生が実施したインタビューから

では，実際に学生たちがインタビューをしたロールモデルのキャリア形成事例をいくつか抜粋して紹介しよう。匿名性を守るため，氏名および内容の一部は適宜修正してある。

事例①　好きなことを仕事にする● A さん（ダンス教室講師，20代，女性）

高校時代から自分を表現することに興味があり，関西のスポーツ専門学校に進学しダンスを学ぶ。卒業後，ダンス・インストラクターとして働いたあと，25歳のときに地元に戻り，ダンス教室を開く。現在，子どもから大人までさまざまな年代の人にレッスンを行っている。この仕事を選んだのは，とにかくダンスが好きだから。ダンス教室は夕方の開講で，日中は振り付けを考えたり，音楽を編集したり，衣装を揃えたりといった教室の準備を行っているほか，週2回ほどはアルバイトをしている。

自分の手で自分が好きなようにできることがいまの仕事の良いところだが，全部自分でやらなければならないのは大変なことでもある。しかしダンス教室を通してイベント等に関わるさまざまな職種の人たちと出会ったり，幅広い年齢層の生徒たちの成長を感じることができ，つねにやりがいを感じている。

人生のなかで大切にしていることは，「楽しむこと，挑戦すること，感謝の気持ちを忘れないこと」。若い学生に向けて，「何事もまずは自分から行動してみてほしい。軽いフットワークで，心は開く，世界を広げていってほしい」とエールを送る。

事例②　社会活動の団体を立ち上げる●Bさん（国際交流団体代表，40代，男性）

　高校のときからバンド活動をし，音楽大学へ進学。卒業後企業に就職するが，仕事に疑問を抱き，退職してアメリカへ2年間留学する。留学先で言葉や生活で大変な苦労をして現地の人びとに助けられた経験から，自分と同じように異文化のなかで苦労している人を支援したいと思い，帰郷からわずか1カ月後に国際交流活動のための任意団体を設立。以来，「年齢・国籍・性別を超えた仲間づくり（多文化共生）」をモットーに，10年以上活動を続けている。

　団体の代表として語学教室，文化体験活動，異文化・制度の学習会，各種交流イベントなど多彩な活動を企画・実施する傍ら，ケーブルテレビのレポーターや大学の客員講師の仕事もしている。最近では行政からの委託事業，助成事業も増えてきた。

　活動に関わった人の価値観や感覚が少しでも良いほうに変わってくれることに意味があると感じている。なかには間違った認識や偏見をもっている人もいるが，ときにはぶつかり合いながらも，活動を通じて多くの人が少しずつつながり，ゆるぎない関係を築いていくことが社会を変える力になると信じている。

事例③　行政組織で働く●Cさん（地方公務員，40代，女性）

　地元の国立大学で教員をめざしていたが，在学中に目標が変わり公務員の道へ進む。現在は県職員として女性活躍支援センターの運営に携わっており，女性のキャリアづくりを支援する「縁の下の力持ち」の役割を担う。

　公務員は主に3年ごとに異動があるため，これまで県立病院や福祉センターに勤務したこともある。生活保護の仕事に携わっていた頃は，申請に来る人たちと接触し，大きな衝撃を受けた。仕事の安定性が公務員のよいところであるが，異動のため自分のやりたい仕事だけを長く続けるわけにはいかない。次々と職場が変わっていくため高い適応力が求められる。

子育てをしながら仕事を続けることは簡単ではなかったが，実家の母親の助けを得ながら何とか続けてくることができた。また，趣味で続けているオーケストラも生活の大切な一部である。仕事はどの職場でもテキパキと行い，できるだけ残業はせず自分や子どものための時間をつくるようにしている。

　これまで，なかには自分にはあわないと感じる仕事もあったが，異動を重ねることで人脈が広がっていき，築いた人間関係が後の職場で役に立つことも少なくなかった。異動しながらさまざまな仕事にチャレンジできることを前向きにとらえられる人が公務員に向いているのではないかと語る。

インタビューから学ぶこと　インタビューに応じてくれた3人のロールモデルに共通するのは，分野は違えど，自分の夢や目標を実現していることだ。ただ，その道のりはけっして平坦なものではない。学生時代に目標が変わったり，いったん就職後大きく路線変更したり，それぞれ苦労している。しかし，一見回り道と見える経験を逆に転機として目標に向けて新たな行動を起こし，次のステップへの糧としている。また，家族などの支えや人とのつながりが仕事だけでなく人生全体に良い循環を生みだしていることにも気づかされる。

　インタビューを実施し，さらにそれを原稿としてまとめることを通じて，学生たちは「挑戦することの大切さ」「キャリア形成プロセスの多様性」「ゆるやかな人間関係の重要性」を学んだといえよう。そして何よりも，ロールモデルとして学ぶべき大人が自分たちの身近にたくさん存在していることを実感したはずだ。

4　あなたも誰かのロールモデルに

　あなたもぜひ，自分にとってのロールモデルを先輩社会人に探し，インタビューを実践してみてほしい。きっと学ぶべきところ，真似したいこと，自分との共通点と相違点など，さまざまなことに気づくことができるだろう。身近なロールモデルに実際に話を聞くことで，いまはまだ具体的な夢や目標がわ

からない人でも,「自分にも何かできるかもしれない」という自信がわいたり,少しは具体的な課題を設定することの助けになる。

　まずは,自分の歩みたいキャリアをぼんやりとでも思い描き,それに向けて一歩ずつ近づく努力をすること,行動することが大切である。壁にぶつかったり,悩んだりしたときは,ロールモデルとして話を聞いた先輩や,身近な友人たちに相談するとよい。インタビューを行うこと自体が,あなたのキャリア形成を支える人間関係づくりの第一歩でもあるのだ。

　いま,自分にできることは何か。目標に向けて歩みだしたあなたは,きっと近い将来,より若い世代の人たちの身近なロールモデルになっているはずだ。

羽田野　慶子

参考文献

NHK「プロフェッショナル仕事の流儀」公式サイト,http://www.nhk.or.jp/professional/index.html（2014年4月23日取得）

河西宏祐,2005,『インタビュー調査への招待』世界思想社。

神田道子,2012,「複合キャリアとは何か」国立女性教育会館『NWEC実践研究』第2号。

グラノヴェター,M.（渡辺深訳）,1998,『転職——ネットワークとキャリアの研究』ミネルヴァ書房。

国立女性教育会館編,2005 a,『キャリア形成に生涯学習をいかした女性たち（改訂版）』国立印刷局。

国立女性教育会館編,2005 b,『キャリア形成にNPO活動をいかした女性たち』朝陽会。

国立女性教育会館編,2007,『夢をかたちにした女性たち——将来のキャリアを考えたいあなたへ』朝陽会。

羽田野慶子,2007,「女性のキャリア形成に関する調査研究」『国立女性教育会館研究ジャーナル』第11号。

メリアム,S.B.（堀薫夫ほか訳）,2004,『質的調査法入門——教育における調査法とケース・スタディ』ミネルヴァ書房（原著1998）。

文部科学省初等中等教育局児童生徒課,2011,『高等学校キャリア教育の手引き』。

ワークシート ❿

キャリア年表をつくってみよう

キャリア形成事例のなかから参考にしたいものを見つけて、ロールモデルのキャリア年表をつくってみよう。出来事を「学習・活動」「仕事」「家庭生活」「その他」に分けて時系列で並べると、何が見えてくるだろうか。

●WORK●1

〔　　　　　　　　　　　〕さんのキャリア年表

職業：　　　　　　　　　　　　　年齢：　　歳

年齢	学習・活動 (学校・生涯学習・社会活動など)	仕事 (職業キャリア)	家庭生活	その他

Message

先輩からのメッセージ⑦

名前：冨久尾典子（ふくお・のりこ）
勤務先：専門商社・経理事務
年齢：23歳，社会人2年目
学歴：2012年 福井大学卒業

　私は現在，専門商社の経理の仕事をしています。経理というと経済に関することや簿記に関することを大学時代に学んでいたイメージがあると思いますが，私の場合そうではなく，生理学や心理学，博物館学，まちづくりなど，さまざまな分野を浅く広く学んでいました。だからいま自分が経理の仕事をしていることにとても驚いています。

　大学時代まで自分のやりたいことをやってきたつもりでしたが，これといった夢もなく，何の仕事に就きたいかと聞かれてもわかりませんでした。そう思っているうちに就職活動の時期になり，とりあえずセミナーなどに参加していましたが，その当時はまったく将来が見えませんでした。どうしたらいいか不安を抱えながら，何かアドバイスをもらえないかと大学の先生に相談したところ，自分のキャリア年表を書いてみたらというアドバイスを頂きました。キャリア年表とは，自分の人生において起こった出来事を①学習・活動，②仕事，③家庭生活に分けて，いままでの経歴を書き記すというものです。自分の人生を書いて何になるのかと思うかもしれませんが，たった20年ほどのちっぽけな人生でも，書き出してみると意外に面白いものです。

　キャリア年表を書くのと同時に，仕事を選ぶときに自分は何が大事で何が嫌なのかということも，芋づる式でノートに書き出しました。すると共通点が見つかり，そのあとは自分がどう動いたらいいのかが見えてきました。就職活動はそれなりに大変でしたが，ご縁があって第1志望の会社に入社することができました。もし私のように将来に不安を感じ悩んでいる人がいたら，とりあえず思っていることを紙に書く，もしくは思っていることを人に話してみてください。そうしたら，何か変わるかもしれません。

　学生の皆さんには，大学のうちに何か1つでもいいので一生懸命取り組むことを経験してほしいです。部活やサークルに打ち込むことでもよし，恋愛でも，友達と旅行するでもよし。私は大学3年のとき，学生によるまちづくりイベントの実行委員長として活動しました。楽しいことも辛いこともありましたが，たくさんの人と出会いさまざまな経験をしたことが自分の財産になったと思います。楽しかったことはいい思い出になりますし，辛かった，苦しかったことは今後きっと人生において役に立ちます。大事なのは，何をするにしても「何を得たか」だと思います。いまやりたいことをとことんやって大学生活を楽しんでください。

終章

なぜいまキャリアデザインか

ライフコース・モデルが相対化し，キャリア形成が多様化するなかで，自分の人生プランは自分が「主体的に」立てることが求められている。本書の各章で学んだことをふまえて，あなた自身のキャリアデザインを構想してみよう。

個人化するライフコース:「標準」の相対化

これまでの日本の社会では,ジェンダーで分化した,あるタイプのライフコースが「標準」であった。男性は,学卒と同時に就職し,定年まで働き,定年後は家で妻と老後生活を送る,女性は,学卒から未婚期の間だけ働き,結婚後は「主婦として」家庭で家事や子育てをし,夫の退職後は「夫の世話を焼きながら」夫婦で暮らす,というものである。このライフコース・モデルは1960年代頃から80年代半ば頃まで,確かに多くの人にとって1つの目安であり,またなじみのあるものでもあった。実際には,もちろんそうでないライフコースを選択する人もいたが,それは「少数派」であり,本人も周囲も,それが「標準ではない」ことを認めていた。

しかし,1990年代に入ると,上記のような「標準」があまり意味をなさない事態が多くみられるようになった。第1に,未婚・晩婚化が進行し,男女とも想定／期待された年齢で結婚しなくなっただけでなく,結婚自体が「選択肢」の様相を強めるようになった。20代,30代を未婚のまま過ごす人が増加したが,彼らの多くは引き続き親元で暮らし,その結果,成人期の親子関係も変容した。第2に,働き方が変わった。「標準モデル」の背景にあるのは60年代に確立した(男性の)終身雇用制であるが,90年代後半からの経済の低迷期に入って以降,「雇用の多様化」が顕著になった。すなわち,初職で就いた職業を基本的に定年退職まで続けるという前提が崩れたのである。非正規雇用と一括される,派遣,契約,パートなどの「多様な」就労形態が登場し,かつ男女の間で実際に広がってきた。また,雇用形態を問わず,「初職3年以内に3割」といわれるほど転職も一般化した。第3に,個人のライフコースが相対的に長くなり,とくに人生後半の生き方が多様化してきたこと,男女の役割分担に関して,より平等性を志向する傾向が強くなってきたことなど,従来の「標準モデル」では想定されていなかった要素が新たに加わるようになった。

つまり,1960～80年代に確立したライフコースの「標準モデル」が,2000年代に入って揺るぎ始めたのである。どのような働き方をしたいか,結婚するのかしないのか,どのような夫婦でいたいかなど,個人のライフコースをめぐる「選択」は,いまや個人もしくは関連する個人間の「調整」に委ねられるようになってきている。ライフコースが個人の「選択」と「調整」に委ねられるようになることを,「ライフコースの個人化」という。

ライフコース選択における若者の困惑

ライフコースの個人化が進めば，若者の選択肢は増え，好きな道を「自由に」進めるようにも思われるが，実際にはそう簡単なものでもない。「標準モデル」が無効化しつつあるとはいえ，働き方にせよ結婚のあり方にせよ，また夫婦の役割分担にせよ，それはかつて「確固とした制度」であったときと同様に，依然として大きな影響力をもっている。つまり，支持される理念と現状の制度が不一致なのである。このことが，これから成人のライフコースを選択する「入口」にいる者を戸惑わせ，不安にさせている。

たとえば，雇用の多様化であるが，フレキシビリティの高い働き方は，一面では，個人の多様な生き方やライフステージに合わせた柔軟な働き方，という積極的な意味づけもされているが，やはり定年まで就労が保障されるこれまでの働き方を「安定就労」とする考え方は根強く，非正規雇用＝「不安定就労」という否定的な意味で考えられることが多い。実際に，多様な働き方を可能にするには，どのような就労形態であれ，保障とリスクは公平であるべきであり，またどのような就労形態間の移動も可能であるべきだが，現状では，非正規雇用では総じて保障が小さく，雇用の多様化を推奨しつつ雇用システム自体は「堅い」日本では，一度非正規雇用で働くと正規雇用への水路が極端に狭まるというリスクもある。かつてあった「会社人間」という言葉は，今日ではほとんど死語になっているが，しかし，「会社人間」を生みだした日本の企業システムの土壌はいまだ堅牢(けんろう)なのである。そうしたなかではフレキシビリティもまた，働く者にとっては，メリットとしてよりもむしろ「周辺労働の表象」と映るかもしれない。

また，女性のライフコースも変化してきたが（第1章参照），どのタイプであっても「これでいい」という保障は得られないようだ。つまりそれは，どれもが制度化されていないからだと嶋﨑は次のように指摘している。

「人生は多様化した」とされる一方で，公的ライフコースとして「専業主婦」に加えて，「働くお母さん」や「キャリア・ウーマン」といったコースが用意されることはなかった。文化的水準と構造的水準が矛盾する状況で，女性各個人は自己の生き方のアイデンティティ（たとえば「働くお母さん」）と合致したライフコースを組織化するために，資源，スキル，力

量・能力をフル活用しているのである。さらに注目すべき点は，たとえそれを実現しても，彼女たちのなかには忸怩（じくじ）たる思いが残るという事実である。(中略)「専業主婦」「働くお母さん」「キャリア・ウーマン」というコースは，安全で安定した選択にはなっていない。いずれの道を選んでも安心感を得られないのだ（嶋﨑 2013：14）。

　働き方であれ，結婚や家族生活であれ，どの選択肢を選んでも「正解」がないという状況は，確かにそれに向けて一歩踏み出す足をためらわせることだろう。しかし，だからといって親の世代の生き方が「安全」という保障ももはやない。それが「標準」であり，かつさまざまな制度と「適合」していた時代はすでに過ぎつつあるからである。これから成人期へ乗りだす若者は，いま／これからの時代に適合する新たなライフコース・モデルを「自分たちで」つくりだし，制度化するしかない。

「自分の」キャリアデザインの必要性

　そのためにはどうするか。まず，ライフコースを通じての「自分の」キャリアデザインを描いてみよう，と提案したい。ここでいうキャリアデザインとは，単に仕事に関する設計図のことではない。ましてや「就活」の仕方をさしているのでももちろんない。就活もあなたのキャリアデザインに組み込まれた大切な要素の1つではあろうが，キャリアデザインとは，自分自身のライフコース全般を見通し，自分がどのように生きたいのか，どのような人になりたいのかを考え，なりたい自分になるための「設計図」もしくは「見取り図」のことである。

　そうした図を描くためにはそれなりの準備が必要である。知識やスキル，周囲の重要な人びとの理解やときには支援も必要となろう。社会的に何かを達成するために必要なものを社会学では「資源」というが，それらの知識やスキル，周囲の理解や支援は，すべてあなたの「資源」である。もちろんそのほかにも，体力や健康，気質，遺伝的な能力も「資源」に含まれるかもしれない。さらには，「コンボイ」（第1章）もあなたの重要な「人的資源」であろう。要するに，キャリアデザインを描くとは，自分自身がもっている多くの「資源」を見定め，目標の達成に向けてそれらを調整し，自分にふさわしい形で活用することである。「自分を見つめる」という作業はいうほどに簡単なことではないが，少なくと

も，これまでどのように生きてきて，これからどうしたいか，なぜそう思うのか，などを自分に問いかけることで，あなたのキャリアデザインの概要は形づくられていくだろう。

　個人化が進む社会とは，いかにリスクが大きくても（結果の責任を自分で負うことになるとしても），「個人」がさまざまな決定にコミットする権利をもつ／コミットせざるをえない社会である。ライフコースの選択においてもそれはいえる。自己責任や結果責任を押し付けられることには大いに抵抗感があるとしても，である。「個人化というグローバルな力学」（ベック 2011: 31）によって，どの先進社会でも——日本も例外ではない——自由と選択性が増すと同時に，他方では不安定性／不確実性が増大しているといわれている。

　生き方の方向性を見失いがちな個人化・グローバル化社会で「自分らしく」生きていくために，まずは，自分自身でみずからの生き方の海図＝キャリアデザインを描くことから始めてみてはどうだろうか。

岩上　真珠

参考文献

嶋﨑尚子，2013，「『人生の多様化』とライフコース——日本における制度化・標準化・個人化」田中洋美／ゴツィック，M.／岩田ワイケナント，K.編『ライフコース選択のゆくえ——日本とドイツの仕事・家族・住まい』新曜社，2-22。

バウマン，Z.（澤井敦・菅野博史・鈴木智之訳），2008，『個人化社会』青弓社（原著 2001）。

ベック，U.（伊藤美登里訳），2011，「個人化の多様性——ヨーロッパの視座と東アジアの視座」ベック，U./鈴木宗徳／伊藤美登里編『リスク化する日本社会——ウルリッヒ・ベックとの対話』岩波書店，15-35。

ワークシート 終章

あなたのキャリアデザインを描いてみよう

仕事や社会活動，プライベート，その他，こうしていたいと思うことやこれからの目標を書いてみよう。

●WORK●1

これからの自分を考えてみよう。

1年後には…

3年後には…

Career design

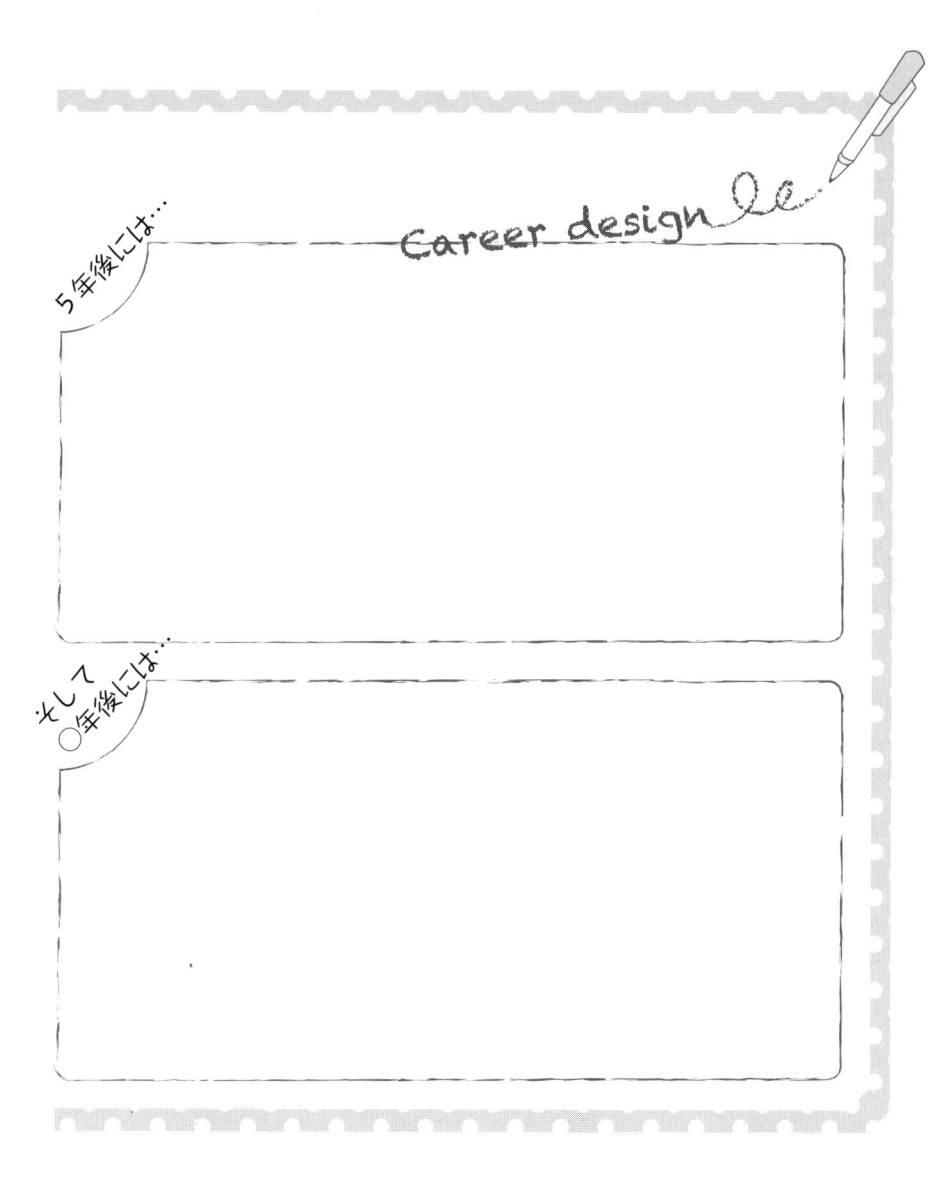

5年後には…

そして○年後には…

●WORK●2

これからの目標を書いてみよう。

索　引

●　あ　行　●

アイデンティティ・クライシス　127
アンダーソン, S.　27
飯田忠彦　39
生きた労働法　76, 77, 79, 82
育児休業　108, 168
育児休業取得率　114, 119
　　男性の――　165
イクメン　117, 165, 168
異　動　88
イニシエーション　→通過儀礼
岩間夏樹　55
インタビュー　171, 176
インタビューガイド　172
インターンシップ　154
上野千鶴子　14
梅澤正　44-46
エコノミック・アニマル　97
エラスムス計画　137
エラスムス・ムンドス計画　137
エリクソン, E. H.　25, 29
エルダー, G. H.　2
エンプロイアビリティ（雇用可能性）
　　76
オイルショック　91
大　人　26

●　か　行　●

解　雇　88, 94
解雇権留保付労働契約　75
会社人間　97
外部労働市場　90-92, 94, 97-99

家族責任を有する男女労働者の機会及び
　　待遇の均等に関する条約（ILO156号
　　条約）　110
家族役割経歴　4
課題発見解決能力　151
片桐新自　41, 147
過労死　87
河合隼雄　22
管理職　43, 44, 116
起業家精神　153, 154
企業別組合　87
北尾吉孝　39
ギャップ・イヤー　137
キャリア　47, 168
キャリア形成　47
キャリアデザイン　48, 66, 182
キャリア年表　168, 169
キャリアパターン　165
キャリア不安　127, 135
教養教育　151
グラント　28
グランドツアー　136, 137
クローセン, J. A.　3
グローバル化　15, 16, 130, 183
グローバル人財育成　129, 130
契約社員　99
玄田有史　29
個人化　15, 183
　　結婚の――　12
小杉礼子　29
小浜逸郎　39
コーホート　4, 5
雇用関係　86, 89, 94, 97

187

雇用慣行　91
雇用均等　110
雇用契約書　73, 74
雇用条件　73
雇用の多様化　180, 181
雇用の流動化　131
雇用保険法　91
コンボイ　15, 182

● さ　行 ●

在宅勤務　119
採　用　88, 94
サバイバル・センス　79, 82
サービス残業　87
自営業　86
ジェンダー　47, 180
自我同一性　25, 29
自我同一性拡散症候群　29
時間外労働　94
資　源　182
自己愛　30
自己愛人格障害　30
仕事と生活の調和　→　ワーク・ライフ・バランス
仕事と生活の調和（ワーク・ライフ・バランス）憲章　108
仕事と生活の調和推進のための行動指針　118-120
自主性・主体性　151
失業保険　91
柴田英樹　41
嶋﨑尚子　181
社会化　3, 46, 47
社会的儀礼　22
就活直結的学習　78-81
就業規則　80, 86
就　職　154
終身雇用（制）　63, 87, 89, 180
出　向　93
出生コーホート　4, 8

生涯未婚率　12
奨学金　27
少子化　112
情緒的離脱　27
職　業　44, 45
職業紹介　97
職業選択　25
職業能力開発　135
職業役割経歴　4
女性のキャリア形成支援サイト　166
女性の社会進出　111
女性のチャレンジ支援策　166
ジョブ・ローテーション　88
自　立　24, 25
　　経済的──　24-28
　　身辺的──　24-28
　　精神的──　24-28
人口高齢化　15
新卒採用　135
親密性　25
心理的契約　75
スカラーシップ　28
杉本芳美　39
鈴木乙史　26
成果主義　93
正規雇用　97
成人期　24, 25, 29, 31
青年期　24, 25, 29
　　──の課題　27
　　──の自立　28
性別役割分業　110-112
性別役割分業規範　165
世界標準（グローバル・スタンダード）　130
セカンド・シフト　116
責任感　87
専業主婦　112

● た　行 ●

ダイバーシティ採用　131

高石恭子　24
短時間勤務（制度）　116, 119
単身世帯　14
単身赴任　87, 96
チャレンジ精神　153, 154
中間搾取　98
注目欲求　30
長期的安定雇用　135
通過儀礼（イニシエーション）　22, 23
定位家族　25
適　職　45
適用業務の規制緩和　97
転　勤　87, 93
転　職　114, 180
戸田智弘　46
トレイル　137

● な　行 ●

内定うつ　24
内定通知書　74
内定取消し　75
内々定通知書　74
内部移動　94, 96
ニート　24, 29, 31
日本的雇用（慣行）　86, 87, 89, 97
ネットワーク　96
年功賃金　87, 89, 90
能力主義　91, 93
ノー残業デー　119

● は　行 ●

配偶者選択　25
配　転　93
派遣労働者　99
パーソナル・コントロール　27
ハッチ，D.　27
バナナ・パンケーキ・トレイル　137
濱口桂一郎　74
ハングリー精神　153
半構造化インタビュー　171

晩婚化　2, 25, 112, 180
ひきこもり　24, 30, 31
被雇用者　86
非婚化　8, 11
非正規雇用　9, 42, 88, 97-99, 120, 131, 136, 180, 181
ヒッピー・トレイル　137
氷河期世代　5
ファミリー・フレンドリー・プログラム　109
福島正伸　39
ブラック企業　73
フレキシビリティ　88-90, 93
　機能的──　88, 91, 94, 99
　数量的──　88, 91, 94, 99
フレックスタイム制　88
フレミング，W.　27
フロイト，S.　25
プロボノ　65
平均寿命　13
ベラー，R.　27
法　律　80, 86
ポジティブ・アクション　117
ホックシールド，A.　116
堀有喜衣　150, 151
ホール，D.　47
ホワイティング，J.　23

● ま　行 ●

曲沼美恵　29
マミートラック　116, 118
未婚化　2, 8, 11, 14, 112, 180
未婚率　11
未充足求人　73
水島郁子　74
三隅二不二　40
ムーア，D.　27
無償労働　110, 116
メリアム，S. B.　171
メンバーシップ契約　74

189

● や 行 ●

役割経歴　3
役割取得　3
山田和夫　22, 23
矢守克也　40
有期雇用　97
有給休暇取得率　118
有償労働　110, 116
養老孟司　45

● ら 行 ●

ライフコース　2, 180
　女性の——　9
　男性の——　9
　——の個人化　180
　——の標準モデル　5, 8, 180
ライフコース選択　4
ライフコース・パターン　3
ライフデザイン　13
離家　2
離婚率　14
リスク　183

労災保険　77, 78
労使協調　93
労働運動　89, 90
労働慣行　80-82, 86
労働教育的学習　78-81
労働組合　87, 90-92, 99
労働三権　76
労働時間　95-97
労働市場仲介サービスの自由化　97
労働者派遣　97-99
労働争議　92
労働法・制度　80-82, 86
労働力需要　72
ロールモデル　164, 171, 172, 176
　——のキャリア分析　170
ローン　28

● わ 行 ●

若者の「内向き志向」　128, 129
ワーキングホリデー　137
ワーク・スタディ　28
ワーク・ライフ・バランス（仕事と生活の調和）　10, 108-112, 118, 120

● 編者紹介

岩上 真珠（いわかみ　まみ）
　元・聖心女子大学文学部教授（2017年逝去）

大槻 奈巳（おおつき　なみ）
　聖心女子大学現代教養学部教授

大学生のためのキャリアデザイン入門
Designing Your Future: Introduction to Career Design

2014 年 6 月 30 日　初版第 1 刷発行
2024 年 4 月 10 日　初版第 6 刷発行

編　者	岩　上　真　珠	
	大　槻　奈　巳	
発行者	江　草　貞　治	
発行所	株式会社　有　斐　閣	

郵便番号 101-0051
東京都千代田区神田神保町 2-17
https://www.yuhikaku.co.jp/

印刷・株式会社理想社／製本・牧製本印刷株式会社
文字情報・レイアウト　田中あゆみ
© 2014, Atsuro Maruyama and Nami Otsuki. Printed in Japan
落丁・乱丁本はお取替えいたします。

★定価はカバーに表示してあります。
ISBN 978-4-641-17400-9

|JCOPY| 本書の無断複写（コピー）は，著作権法上での例外を除き，禁じられています。複写される場合は，そのつど事前に（一社）出版者著作権管理機構（電話03-5244-5088, FAX03-5244-5089, e-mail:info@jcopy.or.jp）の許諾を得てください。